volumen 3 20 Presentaciones para el Invierno

La Guía Completa para
Jugar Junto a Dios

Jerome W. Berryman
Editor de la Versión en Español, Jaime Case
Editor, Dirk deVries
Traducción al Español, Oscar Daniel Imer

Un método imaginativo para presentar las historias de las Escrituras a los niños

© 2002 por Jerome W. Berryman

Editor de la Versión en Español, Jaime Case
Editor, Dirk deVries
Traducción al Español, Oscar Daniel Imer

Todos los derechos reservados. Ninguna parte de esta publicación puede ser reproducida o trasmitida en cualquier forma o por cualquier medio, electrónico o mecánico, incluyendo fotocopias, grabación, o por cualquier sistema de almacenamiento o de recuperación, sin el permiso por escrito del editor.

Las citas de las escrituras utilizadas en este trabajo pertenecen a Dios Habla Hoy, Versión Popular de la Biblia, Tercera Edición © 1995 por las Sociedades Bíblicas Unidas.

ISBN: 978-1-9319-6049-6

TABLA DE CONTENIDOS

Introducción 4

Lección de Enriquecimiento: La Sagrada Familia 20

Lección 1: Adviento I 27

Lección 2: Adviento II 34

Lección 3: Adviento III 40

Lección 4: Adviento IV 45

Enriquecimiento: Una Liturgia de los niños para la Víspera de Navidad 52

Lección de Enriquecimiento: El Misterio de Navidad 56

Lección 5: Epifanía 64

Lección 6: El Santo Bautismo 70

Lección 7: La Parábola del Buen Pastor 77

Lección 8: La Parábola del Buen Samaritano 87

Lección 9: La Parábola de la Perla de Gran Valor 95

Lección 10: La Parábola del Sembrador 102

Lección 11: La Parábola de la Levadura 109

Lección 12: La Parábola de la Semilla de Mostaza 115

Lección de Enriquecimiento: La Parábola de Parábolas 121

Lección de Enriquecimiento: La Parábola del Pozo Profundo 127

Lección de Enriquecimiento: Parábolas Síntesis 1 – Todas las Parábolas 132

Lección de Enriquecimiento: Parábolas Síntesis 2 – La Declaración "Yo Soy" 140

Lección de Enriquecimiento: Parábolas Síntesis 3 – Los Juegos de Parábolas 149

INTRODUCCIÓN

Bienvenidos a la Guía Completa para Jugar junto a Dios, Volumen 3. En este volumen, reunimos las presentaciones que forman el ciclo sugerido de lecciones para el Invierno. El Volumen 1 de la serie, Como Dirigir las Lecciones de Jugar Junto a Dios, proporciona una descripción profunda de los procesos y métodos de Jugar Junto a Dios. Debajo, usted encontrará solo notas cortas de recordatorio. Por favor referirse al Volumen 1 para una presentación mas protunda.

Siguiendo esta Introducción, encontrará toda la información que necesita para presentar las lecciones de Invierno a los niños en su salón de Jugar Junto a Dios. Esperamos que el formato simple permitirá a todos los maestros, sean nuevos o experimentados, encontrar la información que necesitan para entrar completamente en el juego con la mayor recompensa que hemos compartido: Jugar Junto a Dios.

¿QUE ES JUGAR JUNTO A DIOS?

Jugar Junto a Dios es lo que Jerome Berryman llama su interpretación de la educación religiosa Montessori. Este es un acercamiento imaginativo para trabajar con niños, un acercamiento que los apoya, los desafía, alimenta y los guía en su búsqueda espiritual. Esto está más relacionado con la dirección espiritual, que con lo que pensamos generalmente como educación religiosa.

Jugar Junto a Dios asume que esos niños tienen algunas experiencias del misterio de la presencia de Dios en sus vidas, pero carecen del lenguaje, el permiso y entendimiento para expresar y disfrutar de eso en nuestra cultura. En Jugar Junto a Dios, nos adentramos en parábolas, silencios, historias y en la liturgia sagrada en el orden de descubrir a Dios, por nosotros mismos, en otros, y en el mundo que nos rodea.

En Jugar Junto a Dios, preparamos un ambiente especial para que los niños trabajen con guías adultos. Dos maestros conducen la sesión matutina, dando tiempo a los niños:
- para entrar al lugar y ser bienvenidos
- para prepararse para la presentación
- para entrar en una presentación basada en una parábola, historia sagrada o acción litúrgica
- para responder a la presentación a través de preguntas compartidas
- para responder a la presentación (u a otro asunto espiritual significativo) con su propio trabajo, con arte expresivo o con los materiales de las lecciones
- para preparar y compartir una comida
- para despedirse y dejar el lugar

Para ayudarnos a entender lo que es Jugar Junto a Dios, también podemos darnos cuenta de lo que no es. Primero, Jugar Junto a Dios no es un programa completo para niños. Fiestas de Navidad, escuela de vacaciones de la Biblia, el coro de los niños, grupos de niños y jóvenes, retiros de padres e hijos, salidas al campo, oportunidades de servicio y otros componentes de un completo y vibrante ministerio de los niños son todos importantes y no son una competencia para Jugar Junto a Dios. En lo que contribuye Jugar Junto a Dios para la gloriosa mezcla de actividades es el corazón de la cuestión, el arte del conocimiento y en el conocimiento ¿Cómo usar el lenguaje del pueblo Cristiano para encontrar el significado sobre la vida y la muerte.

Jugar Junto a Dios es diferente de cualquier otro enfoque del trabajo de los niños con las escrituras. Un enfoque popular es divertirse con las escrituras. Ese, es un enfoque que podremos encontrar en muchas escuelas de iglesias, escuelas de la Biblia vacacionales y otros que sugieren actividades para los niños.

Tener diversión superficial con las escrituras está bien, pero los niños también necesitan experiencias profundamente respetuosas con las escrituras, así, se adentrarán totalmente en su poder. Si dejamos de lado el corazón de la cuestión, nos arriesgamos a trivializar el modo de vida Cristiano. ¡También perdemos la diversión profunda del descubrimiento existencial, un tipo de "diversión" que nos mantiene realmente vivos!

¿CÓMO HACER JUGAR JUNTO A DIOS?

Cuando esté haciendo Jugar Junto a Dios, sea paciente. Con el tiempo, su propio estilo de enseñanza, transmitido por la práctica de Jugar Junto a Dios, emergerá. Hasta si usted está utilizando otro sistema de estudio en la escuela de su iglesia, puede empezar a incorporar Jugar dentro de su práctica – comenzando con elementos tan simples como el saludo y la despedida.

Preste cuidadosa atención del ambiente que da a los niños. El ambiente de Jugar es un ambiente "abierto" en el sentido que los niños pueden hacer elecciones genuinas respecto a los materiales que utilizan y el proceso por el cual ellos trabajan hacia metas compartidas. El ambiente de Jugar Junto a Dios, es un ambiente "limitado" en el sentido que los niños son protegidos y guiados para hacer decisiones constructivas.

Como maestros, fijamos límites consolidados para el ambiente de Jugar Junto a Dios manejando el tiempo, el espacio y las relaciones de una manera clara y firme. El establecimiento de tales límites es necesario, para generar el tipo de lugar seguro en el cual pueda florecer un encuentro creativo con Dios. Vayamos a explorar cada uno de ellos en profundidad.

COMO MANEJAR EL TIEMPO

UNA SESIÓN IDEAL

En su escenario de investigación, una sesión completa de Jugar Junto a Dios toma aproximadamente dos horas. Una sesión ideal tiene cuatro partes, cada parte hace eco de la manera en que la mayoría de los cristianos organiza su culto en conjunto.

APERTURA: ENTRANDO EN EL LUGAR Y CONSTRUYENDO EL CÍRCULO

El narrador se sienta en el círculo, esperando la entrada de los niños. El portero ayuda a los niños y a los padres a separarse fuera del salón, y ayuda a los niños a "disminuir la velocidad" mientras van ingresando en el mismo. El narrador ayuda a cada niño a sentarse en un lugar específico del círculo, y saluda afectuosamente a cada uno de ellos por su nombre.

El narrador, con el ejemplo e instrucciones directas, ayuda a los niños a prepararse para la presentación del día.

ESCUCHANDO LA PALABRA DE DIOS: PRESENTACIÓN Y RESPUESTA

El narrador primero invita a un niño a mover la manecilla del "reloj" de la Iglesia, que esta en la pared, al siguiente bloque coloreado. El narrador entonces, presenta la lección del día. Al final de la presentación, el narrador invita a los niños a hacerse preguntas sobre la lección. Recorre el círculo haciendo que cada niño elija su trabajo del día. Si es necesario, el portero ayuda a los niños a sacar su trabajo, el que sea, materiales de narración o artístico. Mientras los niños trabajan, algunos pueden quedarse con el narrador quién presenta otra lección para ellos. Este grupo más pequeño, esta conformado por aquellos que no fueron capaces aún, de elegir un trabajo por sí mismos.

COMPARTIENDO LA COMIDA: PREPARANDO LA COMIDA Y COMPARTIÉNDOLA EN RECREO SANTO

El portero ayuda a tres niños a preparar la comida—puede ser jugo, frutas o galletitas—para que los niños compartan. Los niños toman turnos diciendo plegarias, como sea, en silencio o en voz alta, hasta que el narrador dice la última. Los niños y el narrador comparten la comida, luego limpian las cosas y tiran los desperdicios en la basura.

DESPEDIDA: DICIENDO ADIOS Y DEJANDO EL LUGAR

Los niños están listos para decir adiós. La persona de la puerta llama a cada niño por su nombre, para que éste le diga adiós al narrador. Este mantiene las manos extendidas, dejando la elección a los niños; de abrazar, estrechar las manos o de no tener ningún contacto. El narrador dice adiós y reflexiona sobre el placer de tener niños en esta comunidad.

En el escenario de investigación, la apertura, presentación de la lección y las preguntas en voz alta deberían llevar aproximadamente media hora. La respuesta de los niños a la lección a través del dibujo, el volver a contar y otras formas de trabajo deben tomar aproximadamente una hora. La preparación para la comida, la comida y la despedida llevan otra media hora aproximadamente.

SI SOLO DISPONE DE LOS FAMOSOS CUARENTA Y CINCO MINUTOS

Usted podría tener un tiempo limitado para su sesión—tan poco como cuarenta y cinco minutos en lugar de dos horas. Con cuarenta y cinco minutos de sesión, usted tiene varias opciones.

ENFOCARSE EN LA COMIDA

A veces a los niños les lleva mucho tiempo prepararse. Si usted necesita quince minutos para construir el círculo, puede moverse directamente a la comida, dejando tiempo para una despedida recreativa. No debe defraudar a los niños. La calidad del tiempo y las relaciones que experimentan los niños dentro del lugar son la lección más importante presentada en una sesión de Jugar Junto a Dios.

ENFOCARSE EN LA PALABRA

La mayoría de las veces, solo tendrá tiempo para una sola presentación, incluyendo tiempo para que los niños y usted respondan a la lección haciendo las preguntas. Finalizando con la comida y luego el ritual de la despedida. Porque los niños no tendrán tiempo de hacer un trabajo de respuesta, sugerimos que cada tres o cuatro sesiones, omita cualquier presentación y se enfoque en el trabajo en sí mismo (vea abajo).

ENFOCARSE EN EL TRABAJO

Si usted usualmente pasa directamente desde la presentación a la comida, entonces cada tres o cuatro sesiones, sustituya una presentación por una sesión de trabajo. Primero, construya el círculo. Luego, sin hacer una presentación, ayude a los niños a elegir su trabajo para ese día. Deje tiempo suficiente al final de la sesión para compartir la comida y la despedida.

PLANIFICANDO EL AÑO DE LA IGLESIA

Hemos simplificado la planificación anual presentando las lecciones en un orden sugerido de presentación estacional.

En otoño, una sesión de apertura sobre el año de la Iglesia es seguida por las historias del Antiguo Testamento, desde la creación hasta los profetas. En invierno, presentamos la temporada de Adviento y las Fiestas de Navidad y Epifanía, seguida por las parábolas. En primavera, presentamos los rostros de Cristo durante la Cuaresma, seguido por las presentaciones de la resurrección de la Pascua, la Eucaristía y la Iglesia en sus primeros años.

No todos los grupos podrán—¡o deberían!—seguir este orden sugerido. Algunas posibles excepciones son:
- Grupos con sesiones cortas regulares necesitarán sustituir presentaciones por sesiones de trabajo cada tres o cuatro domingos.
- Si el narrador no se siente cómodo con una presentación en particular, recomendamos sustituir la presentación de ese día por una sesión de trabajo.
- Dentro de una sesión de trabajo, un niño puede requerir la repetición de una presentación anterior. Otro, puede hacer una pregunta que nos lleva a una lección de en riquecimiento; por ejemplo, "Por qué tenemos cruces en la Iglesia?". Ese es un "momento de enseñanza", que nos obliga a sacar la caja de las cruces.

COMO MANEJAR EL ESPACIO

PREPARÁNDOSE PARA COMENZAR

Nosotros recomendamos encarecidamente una minuciosa lectura de *La Guía Completa para Jugar Junto a Dios, Volumen 1: Como Dirigir las Lecciones de Jugar Junto a Dios*.

Para comenzar, enfóquese en las relaciones y acciones que son esenciales para Jugar Junto a Dios, más que en tener los materiales necesarios en un salón de Jugar Junto a Dios totalmente equipado. Sabemos que no todas las parroquias pueden destinar fondos generosos para la educación cristiana. Creemos que Jugar Junto a Dios es valioso para comenzarlo con el más simple de los recursos. Sin ningún material, dos maestros pueden generar un espacio de Jugar Junto a Dios que acoja a los niños, donde compartan una comida y una bendición de despedida, cada semana.

Cuando Jerome Berryman comenzó su enseñanza, utilizó estantes hechos de tablones y bloques, y solo un material de presentación: figuras para la Parábola del Buen Pastor, cortadas de papel de construcción y colocadas en una caja de zapatos que el mismo pintó con un aerosol dorado.

A través del año, Berryman llenó los estantes con más materiales caseros para las lecciones. Cuando tuvo más dinero y tiempo disponibles, mejoró esos materiales por otros cortados desde espuma plástica. Ahora, su salón de investigación esta totalmente equipado con la gama más hermosa y duradera de materiales para Jugar Junto a Dios: cajas de parábolas, el arca de Noé, una caja del desierto llena de arena. Todas estas riquezas son regalos maravillosos para los niños que pasan su tiempo en ese lugar, pero el comienzo de un ambiente exitoso para Jugar Junto a Dios es el cultivo de las relaciones apropiadas en un lugar seguro.

MATERIALES

MATERIALES PARA LAS PRESENTACIONES

Cada lección detalla los materiales necesarios en una sección titulada "Notas sobre los materiales". Usted puede hacer sus propios materiales, u ordenar hermosos materiales artesanales a:

Morehouse Education Resources
4775 Linglestown Rd.
Harrisburg, PA 17112
(800) 242-1918
fax: (717) 541-8136
www.morehouseeducation.org

Aquí hay una lista de todos los materiales sugeridos para el trimestre de las presentaciones de invierno:

- *A través del año (para todas o algunas de las lecciones)*
  — Círculo del Año de la Iglesia (colgante de pared)
  — juego de figuras de la natividad
  — paños en colores litúrgicos (blanco, púrpura, rojo, verde)
  — figura del Cristo resucitado
  — jugo, frutas y/o galletitas
  — matzo (pan sin levadura)

- *Lección de Enriquecimiento: La Sagrada Familia*
  — figuras de la Sagrada Familia
  — figura del Cristo resucitado
  — paños en los colores litúrgicos (blanco, púrpura, rojo, verde)

- *Lección 1: Adviento I*
  — tarjetas de Adviento
  — 4 velas de Adviento
  — cerillos en una caja de metal
  — apagavelas
  — modelo de Belén

- *Lección 2: Adviento II*
  — tarjetas de Adviento
  — 4 velas de Adviento
  — cerillos en una caja de metal
  — apagavelas
  — modelo de Belén
  — figuras de la Sagrada Familia

- *Lección 3: Adviento III*
  — tarjetas de Adviento
  — 4 velas de Adviento
  — cerillos en una caja de metal
  — apagavelas
  — modelo de Belén
  — figuras de la Sagrada Familia

- *Lección 4: Adviento IV*
  — tarjetas de Adviento
  — 4 velas de Adviento
  — cerillos en una caja de metal
  — apagavelas

— modelo de Belén
— figuras de la Sagrada Familia
— vela de Cristo

- *Lección de Enriquecimiento: Una Liturgia de los Niños para la Víspera de Navidad*
    — figuras de la natividad (establo, María, José, animales, etc.)

- *Lección de Enriquecimiento: El Misterio de Navidad*
    — fotos, etiquetas y textos montados en tabla de espuma o madera

- *Lección 5: Epifanía*
    — tarjetas de Adviento
    — 4 velas de Adviento
    — cerillos en una caja de metal
    — apagavelas
    — modelo de Belén
    — figuras de la Sagrada Familia
    — vela de Cristo
    — incienso, mirra, monedas doradas
    — pinzas

- *Lección 6: El Santo Bautismo*
    — tazón
    — Jarra de agua
    — paloma
    — recipiente con fragancia aromática
    — caja metálica con cerillos
    — vela de Cristo
    — apagavelas
    — muñeco de un bebé, envuelto en una manta blanca o bata
    — tazón de latón con arena
    — cesta de velas, con protectores contra goteo

- *Lección 7: La Parábola del Buen Pastor*
    — caja de la parábola dorada con punto verde
    — 12 tiras de fieltro marrón
    — 3 tiras de fieltro negro
    — forma de fieltro azul
    — 5 corderos
    — Buen Pastor
    — pastor común
    — lobo

- *Lección 8: La Parábola del Buen Samaritano*
  - caja de la parábola dorada con punto marrón
  - camino de fieltro marrón claro
  - 2 pedazos de fieltro negro
  - 2 siluetas de ciudades
  - 6 personas (1 persona lastimada, 2 ladrones, 1 sacerdote, 1 Levita, 1 Samaritano)
  - 1 "pieza de cubierta" (foto del Samaritano ayudando a la persona lastimada)

- *Lección 9: La Parábola de la Perla de Gran Valor*
  - caja de la parábola dorada con punto blanco
  - 5 "lugares" rectangulares marrones
  - 2 figuras (mercader y vendedor)
  - posesiones del mercader (dinero, cofre, cama, vela, jarrón, silla, taburete)

- *Lección 10: La Parábola del Sembrador*
  - caja de la parábola dorada con punto marrón claro
  - caja dorada de pájaros
  - 3 imágenes de tierra (tierra rocosa, espinas, tierra fértil)
  - 3 bolsas de grano
  - sembrador

- *Lección 11: La Parábola de la Levadura*
  - caja de la parábola dorada con punto color canela
  - figura de una mujer
  - mesa
  - caja conteniendo rebanadas de pan (1 pedazo sin leudar y 1 pedazo leudado) y 3 tazas de harina
  - caja con levadura dorada triangular

- *Lección 12: La Parábola de la Semilla de la Mostaza*
  - caja de la parábola dorada con punto amarillo
  - arbusto (o árbol) de fieltro verde
  - caja dorada con pájaros y nidos
  - figura de una persona

- *Lección de Enriquecimiento: La Parábola de Parábolas*
  - Juego de cajas chinas en colores diferentes

- *Lección de Enriquecimiento: La Parábola del Pozo Profundo*
  - caja de parábola simple
  - pozo
  - recipiente de hilos dorados
  - cubo

- *Lección de Enriquecimiento: Parábolas Síntesis 1 – Todas las Parábolas*
  — 40 tarjetas doradas de parábolas
  — 15 tarjetas doradas "Yo soy"
  — Biblia

- *Lección de Enriquecimiento: Parábolas Síntesis 2 – La Declaración "Yo Soy"*
  — 40 tarjetas doradas de parábolas
  — 15 tarjetas doradas "yo soy"
  — caja para clasificar
  — caja con tarjetas de contexto

- *Lección de Enriquecimiento: Parábolas Síntesis 3 – Los Juegos de las Parábolas*
  — 40 tarjetas doradas de parábolas
  — 23 tarjetas doradas del juego de parábolas

MATERIALES PARA EL TRABAJO DE LOS NIÑOS

Reunir los materiales de dibujo que los niños pueden utilizar para hacer sus respuestas. Estos materiales están guardados en los estantes de dibujo. Sugerimos:
- papel
- bandeja de pinturas
- pinturas y pinceles
- tableros de dibujo
- pasteles, lápices y marcadores
- tablas para modelar arcilla
- arcilla enrollada en pequeñas bolas en contenedores herméticos

MATERIALES PARA LA COMIDA

- servilletas
- cesta para servir
- tazas
- bandejas
- jarra

MATERIALES PARA LA LIMPIEZA

Reunir los materiales para la limpieza que los niños pueden utilizar para limpiar después de su trabajo y utilícelos para cuidar su ambiente. Sugerimos:
- toallas de papel
- plumero
- cepillo y recogedor de basura
- paños de limpieza
- botellas de aerosol con agua
- cesto de basura con bolsa

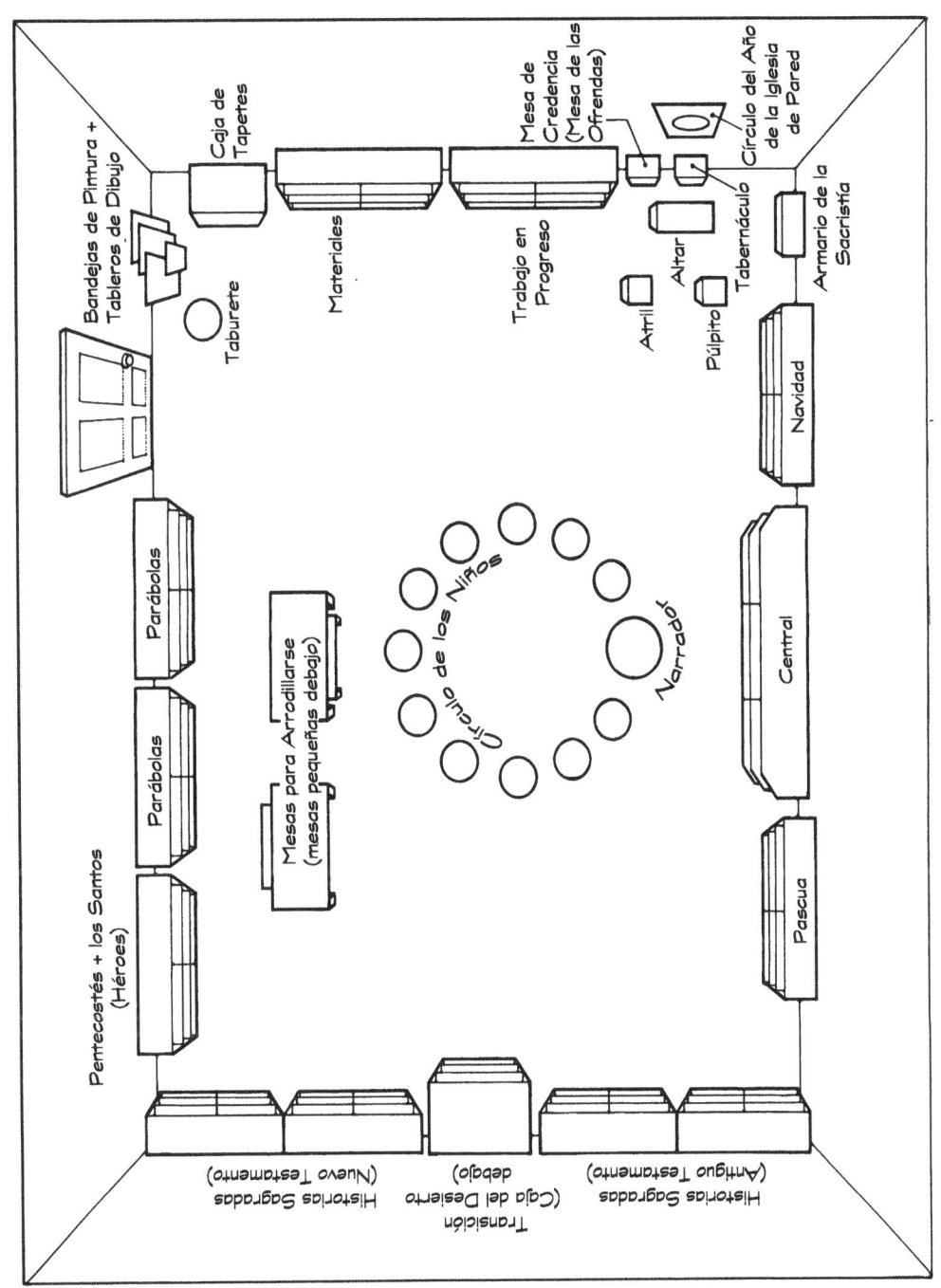

SALÓN DE JUEGOS DE DIOS

COMO ORDENAR LOS MATERIALES

Los materiales están ordenados para comunicar visual y silenciosamente el sistema de lenguaje de la fe Cristiana: nuestras historias sagradas, parábolas y nuestra acción litúrgica. Las presentaciones principales generalmente están guardadas en los estantes superiores.

Las presentaciones de enriquecimiento están guardadas generalmente en el segundo estante. Los estantes inferiores se mantienen libres para materiales suplementarios, tales como libros, mapas u otros recursos. Estantes separados tienen los materiales para dibujo, limpieza y la comida. Un estante para el trabajo en progreso de los niños es también muy importante.

COMO MANEJAR LAS RELACIONES
LOS DOS ROLES DE LA ENSEÑANZA:
EL PORTERO Y EL NARRADOR

Cada rol de enseñanza fomenta el respeto por los niños y el espacio para Jugar Junto a Dios. Por ejemplo, los padres se quedan en la puerta del espacio para Jugar Junto a Dios y los maestros permanecen a la altura de los ojos de los niños. Ambas prácticas mantienen el cuarto centrado en los niños, en vez de centrado en los adultos.

Similarmente, cuando el narrador presenta la lección, el o ella habla manteniendo la atención en los materiales de la lección, no en los niños. En lugar de animarlos a responder a un maestro, los niños son invitados, a través de los ojos del narrador, a entrar en la historia.

En una sesión típica de domingo, solo dos adultos se presentarán en el espacio de Jugar Junto a Dios: el portero y el narrador. Estas son sus respectivas tareas durante una sesión típica:

PORTERO	NARRADOR
Inspeccione los estantes, especialmente los estantes de materiales y de dibujo.	Inspeccionar los materiales para presentar ese día.
Sacar la lista, revisar las notas y prepararse para dar la bienvenida a padres y niños.	Mantenerse sentado sobre el suelo en el círculo y prepararse para saludar a los niños.
Tranquilice a los niños en su ingreso al salón. Podría tener que sacarles juguetes, libros u otros objetos que los puedan distraer. Ayúdelos a prepararse. Pase la lista o que el niño mayor lo haga.	Guiar a los niños a los lugares en el círculo dónde mejor podrán atender la lección. Mantenerse silencioso hasta que sea el momento de comenzar y todos estén listos.

PORTERO	*NARRADOR*
Cierre la puerta cuando sea la hora. Prepárese para atender a los que llegan tarde y a niños que lo requieran desde el círculo.	Presente la lección. Sea el modelo de como ingresar los materiales.
Evite el contacto visual casual con el narrador para ayudar a prevenir que los adultos en el salón vuelvan la atención de los niños hacia objetos, hablándoles de ellos o manipulándolos.	Lleve a los niños hacia la lección por su introducción. Baje la mirada para enfocarse en el material cuando comience la lección del día. Prepárese para el comienzo de las preguntas.
Cuando los niños elijan su trabajo, escúchelos para que pueda ayudarlos sacar los materiales. Ellos necesitarán ayuda al comenzar con una ilustración y al sacar los materiales desde los estantes para trabajar en una lección, en cualquiera de los dos casos, solos o en grupo.	Después de la lección y las preguntas, de una vuelta alrededor del círculo, dejando que cada niño comience su trabajo, uno a la vez. Cada niño elige que hacer. De una vuelta rápidamente la primera vez, regresando al niño que no se ha decidido aún. Siga dando vueltas al círculo para ayudar en estas decisiones hasta que solo queden algunos – que pueden ser nuevos o por alguna otra razón no pudieron hacer una elección. Presente una lección a esos niños.
Manténgase en su silla a menos que los niños necesiten su ayuda. No se entrometa en la comunidad de los niños. Quédese al mismo nivel visual de los niños lo máximo que sea posible, como si hubiera un techo de cristal en el cuarto, a nivel de los niños más altos.	Manténgase sentado en el círculo a menos que los niños necesiten ayuda con la lección que hayan sacado. Podrá necesitar ayudar con los materiales de dibujo. Manténgase al mismo nivel visual de los niños al ayudarlos.
Ayude a los niños a poner fin a su trabajo, y también ayude a aquellos que se están preparando para la comida.	Cuando llega el momento de la comida, vaya hacia la llave de la luz y apáguela. Diga a los niños que guarden su trabajo y que regresen al círculo para la comida. Vuelva a encender la luz. Vuelva al círculo para animar a los niños a terminar su trabajo y regresar al mismo.
Siéntese silenciosamente en su silla, pero asegúrese que el cesto de la basura tenga una bolsa puesta.	Pida oraciones, pero no los presione. Después de la fiesta, muestre a los niños como tirar sus cosas en la basura.
Salude a los padres y comience a llamar por su nombre a los niños que están listos y a aquellos que sus padres han llegado.	Ayúdelos a prepararse para cuando sean llamados por su nombre.

PORTERO

Si un niño se dirige a la puerta sin decirle adiós al narrador, recuérdele a él o ella que regrese a saludarlo.

Recuerde devolverles cualquier cosa que pudieran haber dejado al comienzo de la clase.

Cuando los niños se han ido, revise y limpie los estantes de materiales y de dibujo.

Siéntese silenciosamente y contemple la sesión como un todo.

Evalúe, haga notas y discuta la clase con su maestro adjunto.

NARRADOR

Así como los nombres de los niños se dicen, ellos vienen a usted. Sostenga sus manos extendidas. Los niños pueden tomar su mano, darle un abrazo o mantener su distancia, como ellos prefieran. Dígales en privado y calmado, cuán contento estuvo de verlos y el buen trabajo que hicieron el día de hoy. Invítelos a regresar cuando puedan.

Tómese tiempo para disfrutar de la despedida, con todo el calor de una bendición para cada niño.

Cuando todos se fueron, revise los estantes de materiales y limpie.

Siéntese silenciosamente y contemple la sesión como un todo.

Evalúe la sesión, registre sus notas y discuta la sesión con su maestro adjunto.

COMO OTROS PUEDEN AYUDAR

Otros adultos quienes quieran apoyar el trabajo de un lugar destinado a Jugar Junto a Dios pueden contribuir con:
- Tomando turnos para proveer comida sana y festiva para que los niños compartan durante sus comidas.
- Manteniendo los estantes de materiales y de dibujo llenos de materiales nuevos.
- Utilizando sus destrezas creativas haciendo materiales para las presentaciones de Jugar Junto a Dios.

COMO RESPONDER EFECTIVAMENTE A LAS INTERRUPCIONES EN EL CÍRCULO

Usted siempre será el ejemplo de comportamiento que espera en el círculo: enfocado en la lección y respetuoso con todos en el círculo. Si ocurre una interrupción, usted se encargará de esa interrupción de tal forma que aún muestre respeto continuo por todos en el círculo – incluyendo el niño con el cual está teniendo problemas en ese día. Usted también aún mantendrá tanto enfoque en la lección como pueda, regresando por completo a centrarse en la misma, tan rápido como sea posible.

Por lo tanto, cuando considere responder, recuerde mantener un tono neutral en su voz. Recuerde, también, que nuestra meta es ayudar al niño a dirigirse hacia un comportamiento más apropiado. En el primer nivel de interrupción, podrá simplemente levantar sus ojos del material. Mirará, pero no directamente al niño, mientras dice, "Necesitamos prepararnos otra vez. Miren. Así es como nos preparamos." Ejemplifique la manera de prepararse y comience nuevamente la presentación en donde la había dejado.

Si la interrupción continúa o se incrementa, diríjase directamente al niño. "No, esto no es justo. Mira a todos estos niños, ellos si están escuchando. Ellos están listos. Tú necesitas estar listo también. Intentémoslo otra vez. Bien. Esa es la manera."

Si la interrupción continua o se incrementa, pídale al niño que se siente junto al portero. No piense en esto como en un castigo o como una exclusión de la historia: algunos niños quieren sentarse junto al portero por sus propias razones. Continúe manteniendo el tono neutro de voz al tiempo que dice, "Pienso que necesitas sentarte junto a Ana. (Utilice el nombre propio del portero.) Puedes escuchar y oír desde allí. La lección aún es para ti también."

El objetivo es que el niño vaya por si mismo hacia la puerta. Si el niño está teniendo problemas, o dice ¡No!, usted puede decir, "¿Puedo ayudarte?" Solo si es necesario gentilmente levantará al niño o, en una forma similar, lo ayudará a el o ella a ir hacia el portero.

COMO APOYAR EL TRABAJO DE LOS NIÑOS

Muestre respeto por el trabajo de los niños de dos maneras claves: a través de la estructura del salón de clases en el cual los niños trabajan y en el lenguaje que utiliza—o que *no* utiliza—al hablar sobre su trabajo. Exploremos cada una de estas posibilidades.

ESTRUCTURA DEL SALÓN DE CLASES

Un salón de clases de Jugar Junto a Dios está estructurado para apoyar el trabajo de lo niños de cuatro maneras:

- Primero, hacer que los *materiales* estén disponibles e inviten manteniendo el salón abierto, limpio y bien organizado. Una frase útil para un salón de clases de Jugar Junto a Dios es, "Este material es para ti. Puedes tocarlo y trabajar con el cuando quieras. Si no has estado en ésta lección, pregunta a otro de los niños o al narrador para que te la enseñe." Los niños que se adentran en un salón de clases de Jugar Junto a Dios, disfrutan de todos los materiales, que los están continuamente invitando, llamando. Esos materiales les dicen, "Este salón es para ti."

- Segundo, anime a la *administración* responsable de los materiales compartidos, ayudando a los niños a aprender a cuidar al salón por sí mismos. Cuando algo se derrama, podemos limpiarlo rápidamente, por supuesto. Pero en cambio, ayudando a los niños a que se hagan cargo de sus propios derrames, les comunicamos el respeto que tenemos por su propia capacidad de resolver problemas. Al final del tiempo de trabajo, cada niño aprende a guardar los materiales cuidadosamente. De hecho, algunos niños querrán elegir el trabajo de limpieza—sacudir el polvo o poner agua en las plantas—como una reacción propia.

- Tercero, provea un *lugar* respetuoso para el trabajo de los niños reservando espacio en el salón para trabajos en curso o terminados. Cuando un niño aún esta trabajando en un proyecto al final del tiempo de trabajo, tranquilícelo diciéndole, "Este proyecto estará aquí para ti la próxima semana. Puedes tomarte tantas semanas como quieras para terminarlo. Nunca perdemos un trabajo en un salón de Jugar Junto a Dios." A veces, un niño puede querer dejar para el salón una pieza de trabajo finalizada. A veces, querrán llevar un trabajo terminado o sin terminar a su casa. Esas elecciones las deberá tomar él mismo, nuestra elección es respetarlo siempre.

- Cuarto, fije un *paso* pausadito que permita a los niños dedicarse profundamente en las respuestas que ha elegido. Este es el por que, de que es mejor no hacer más que construir el círculo, compartir la comida y decir amorosamente adiós cuando estamos presionados por el tiempo, en vez de correr a través de una historia y el tiempo para las respuestas artísticas. Cuando contamos una historia, debemos dejar tiempo suficiente para las preguntas sin prisas. Cuando proveemos tiempo de trabajo, debemos permitir tiempo suficiente para que los niños se involucren profundamente con su trabajo. En sus preguntas o en su trabajo, los niños deberán lidiar con temas profundos—temas tan importantes como la vida o la muerte. Provéales de un espacio nutritivo lleno de tiempo seguro para este trabajo profundo.

UTILIZANDO EL LENGUAJE

Usted también puede apoyar a los niños con el lenguaje que utiliza:
- Elija *respuestas "abiertas"*. Elegimos respuestas "abiertas" cuando simplemente describimos lo que vemos, preferentemente al evaluar al niño en su trabajo. Las respuestas abiertas invitan a la interacción de los niños, pero también respetan las decisiones de los niños de simplemente seguir trabajando en silencio. *Ejemplos:*
  — Humm. Mucho rojo por aquí.
  — Este es un gran trabajo. El dibujo va desde lado a lado de la hoja.
  — Esta arcilla luce tan suave y delicada ahora...
- *Evite respuestas de evaluación.* Las respuestas de evaluación cambian el enfoque de los niños desde su trabajo hacia nuestros elogios. En un salón de clases de Jugar Junto a Dios, queremos permitir a los niños la libertad de trabajar en lo que más les importa a ellos, no por la recompensa de nuestros elogios. *Ejemplos para evitar:*
  — Eres un pintor maravilloso.
  — Este es un gran dibujo.
  — Estoy muy satisfecho con lo que has hecho.
- Elija *respuestas alentadoras*, las cuales enfaticen las habilidades de cada niño de tomar decisiones, resolver problemas y de articular necesidades. En un salón de clases de Jugar Junto a Dios, una frase frecuentemente escuchada es, "Esa es la manera. Tu puedes hacerlo." Nosotros animamos a los niños a elegir su propio trabajo, a guardar los materiales cuidadosamente y a limpiar su área de trabajo cuando terminan. Cuando un niño derrama algo, responda con, "Eso no es un problema. ¿Sabes dónde se guardan los artículos de limpieza?" Si un niño necesita ayuda, muéstrele donde se guardan los artículos de limpieza o como utilizar y escurrir una esponja. Cuando esté

ayudando, el propósito es restaurar la propiedad del problema o situación al niño tan pronto sea posible.
- Manténgase alerta a las *necesidades* de los niños durante el tiempo de trabajo y de limpieza. El rol del portero es especialmente importante cuando los niños se levantan y recogen su trabajo. Estando alerta a las elecciones de los niños en el círculo, el portero puede saber cuando ayudar a un niño nuevo a aprender la rutina para utilizar arcilla, cuando un niño pueda necesitar ayuda al mover la caja del desierto o cuando el niño necesita apoyo al guardar los materiales o en la limpieza después de pintar.

MÁS INFORMACIÓN SOBRE JUGAR JUNTO A DIOS

La Guía Completa para Jugar Junto a Dios, de los Volúmenes 1 al 4 por Jerome Berryman están disponibles en Morehouse Education Resources (Denver, 2002). *El Volumen 1: Como Dirigir las Lecciones de Jugar Junto a Dios* es el manual esencial para la utilización de Jugar Junto a Dios en la escuela de la iglesia o en una amplia variedad de entornos o escenarios alternativos. Los *Volúmenes del 2 al 4* ofrecen las presentaciones completas para el Otoño, el Invierno y la Primavera.

El *Centro para la Teología de la Niñez* es la organización que patrocina investigaciones en curso, entrenamiento, programas de acreditaciones, el desarrollo de una teología de la niñez para adultos y apoya a Jugar Junto a Dios. El Centro mantiene un programa de entrenamientos y de conferencias relativas a Jugar Junto a Dios, así también como una lista de los entrenadores disponibles en todo momento en éste y otros países para ayudar a establecer programas de Jugar Junto a Dios. *Información de Contacto:*

Center for the Theology of Childhood
Church of Our Savior
535 West Roses Road
San Grabriel, CA 91775
(626) 282-3066
fax: (626) 289-3887
correo electrónico: center@godlyplay.org

Se pueden encontrar *Recursos de Jugar Junto a Dios* como las hermosas artesanías hechas de materiales duraderos apropiados para usar en el salón de clases de Jugar Junto a Dios. Aunque usted puede hacer sus propios materiales, muchos maestros encuentran su trabajo simplificado y enriquecido utilizando los Recursos de Jugar Junto a Dios para abastecer su salón de clases. *Información de Contacto:*

Morehouse Education Resources
4775 Linglestown Rd.
Harrisburg, PA 17112
(800) 242-1918
fax: (717) 541-8136
www.morehouseeducation.org

LECCIÓN DE ENRIQUECIMIENTO
LA SAGRADA FAMILIA

NOTAS DE LA LECCIÓN
ENFOQUE: EJE DEL SISTEMA DE LENGUAJE CRISTIANO:
EL NACIMIENTO, VIDA, MUERTE Y RESURRECCIÓN DE JESUCRISTO

- ACCIÓN LITÚRGICA
- PRESENTACIÓN DE ENRIQUECIMIENTO

EL MATERIAL
- LOCALIZACIÓN: ESTANTES CENTRALES
- PIEZAS: LA SAGRADA FAMILIA, PAÑOS COLOREADOS DEL AÑO DE LA IGLESIA
- BASE: BANDEJA CIRCULAR CUBIERTA DE FIELTRO

ANTECEDENTES

Primero, presentamos esta lección al principio del año escolar de la iglesia. Repetimos la lección siempre que cambiemos los colores litúrgicos en el salón para reflejar los cambios en la estación litúrgica. Púrpura o azul para Adviento, blanco para Navidad, púrpura para Cuaresma, y así en más. En esas ocasiones, un propósito de la lección es simple: sacamos la Sagrada Familia del estante, cambiamos el paño coloreado en el estante por uno nuevo, y luego colocamos de nuevo las figuras sobre el paño nuevo.

Sin embargo, la Sagrada Familia tiene profundo significado para nuestro trabajo a través del año. Es por eso que se coloca justo en el centro del estante central en el salón, justo detrás del narrador cada semana del año. Es por eso que nosotros fijamos la atención de los niños en esta presentación, justo al comienzo de nuestro año de la iglesia. La Sagrada Familia es la matrix – la palabra en latín para matriz o útero – desde donde surge nueva vida. Esta historia, es la historia de la re—creación del universo. La encarnación de Cristo cambia todo. Más especialmente, cambia la manera en que nos entendemos a nosotros mismos, los unos a los otros, al Creador y al mundo creado que nos rodea.

Encontramos significado existencial en nuestras vidas, en los lugares en los cuales hemos nacido, a través de la red de estas relaciones. La "respuesta" a la vida no es una declaración proposicional o una clave verbal. En vez de una respuesta, encontramos un "hogar" cada día, en el medio de este nido de relaciones de amor y creación.

El eje de la vida en la tradición Cristiana es nacer-morir-renacer. Los niños comienzan a percibir este eje cada vez que nombran a la Sagrada Familia, o a través de mover sus figuras cuidadosa y respetuosamente. Nosotros no hablamos acerca de este significado, esperamos que los niños lo descubran por sí mismos. Nosotros, como la Sagrada Familia, somos invitados para ser socios en la creación de estas esferas de vidas biológicas, psicológicas, sociales y espirituales.

NOTAS SOBRE EL MATERIAL

El material es un Juego de Natividad con estas figuras: María, José, el niño Cristo (desmontable, con los brazos extendidos), un pastor, una o más ovejas, un burro, una vaca y los Tres Reyes Magos. Cualquier tamaño sirve, pero 4"– 6" funcionan bien con niños pequeños. Los niños pueden manejar fácilmente figuras pequeñas, y ellas no le tomarán mucho espacio en el estante central. Detrás de la Sagrada Familia, coloque el Cristo Resucitado con los brazos extendidos.

Si es posible, encuentre figuras que no sean tan detalladas o realistas, así los niños pueden suplir los detalles con su imaginación. Más figuras o figuras más complejas no servirán tan bien como las figuras simples descritas arriba. No incluya un establo. Lo distrae de la Familia.

En un montaje ideal, los estantes centrales se colocan en oposición directa a la puerta por la que los niños entran. La Sagrada Familia descansa en el centro del estante superior. A la derecha de la Sagrada Familia está el círculo verde con la figura del Buen Pastor y sus corderos, del material para la Comunión Mundial (vea La Guía Completa para Jugar Junto a Dios, Volumen 4). A la izquierda encontramos una vela blanca grande llamada la Luz (también llamada la Vela de Cristo).

En los estantes debajo del Buen Pastor están los materiales restantes para la lección de la Comunión Mundial. Debajo de la Luz, están los materiales restantes para la lección acerca del Santo Bautismo (vea La Guía Completa para Jugar Junto a Dios: Volumen 3). Debajo de la Sagrada Familia está una bandeja que contiene los paños de colores del año litúrgico y una bandeja cubierta por un fieltro blanco. Usted utilizará estas dos bandejas cuando cambie los colores litúrgicos durante el año. En el estante superior está el material para el Círculo del Año de la Iglesia.

NOTAS ESPECIALES

Manejo del Salón de Clases: Los niños pueden utilizar la bandeja cubierta de fieltro blanco cuando trabajen con la Sagrada Familia, pero la mayoría de ellos preferirán mantener las figuras en el estante central superior mientras las mueven.

Sugerimos que esta historia sea narrada tres veces en el Invierno. En el primer domingo de Adviento, utilice la historia para cambiar el paño que está debajo de la Sagrada Familia del verde al púrpura o azul. En Navidad, Epifanía o en la fiesta del Bautismo de Nuestro Señor, utilice la historia para cambiar el mismo paño del púrpura o azul que tenía a un paño de color blanco. En el primer domingo después de esas fiestas (Tiempo Ordinario o estación de Epifanía), utilice la historia para cambiar el color del paño de blanco al verde nuevamente.

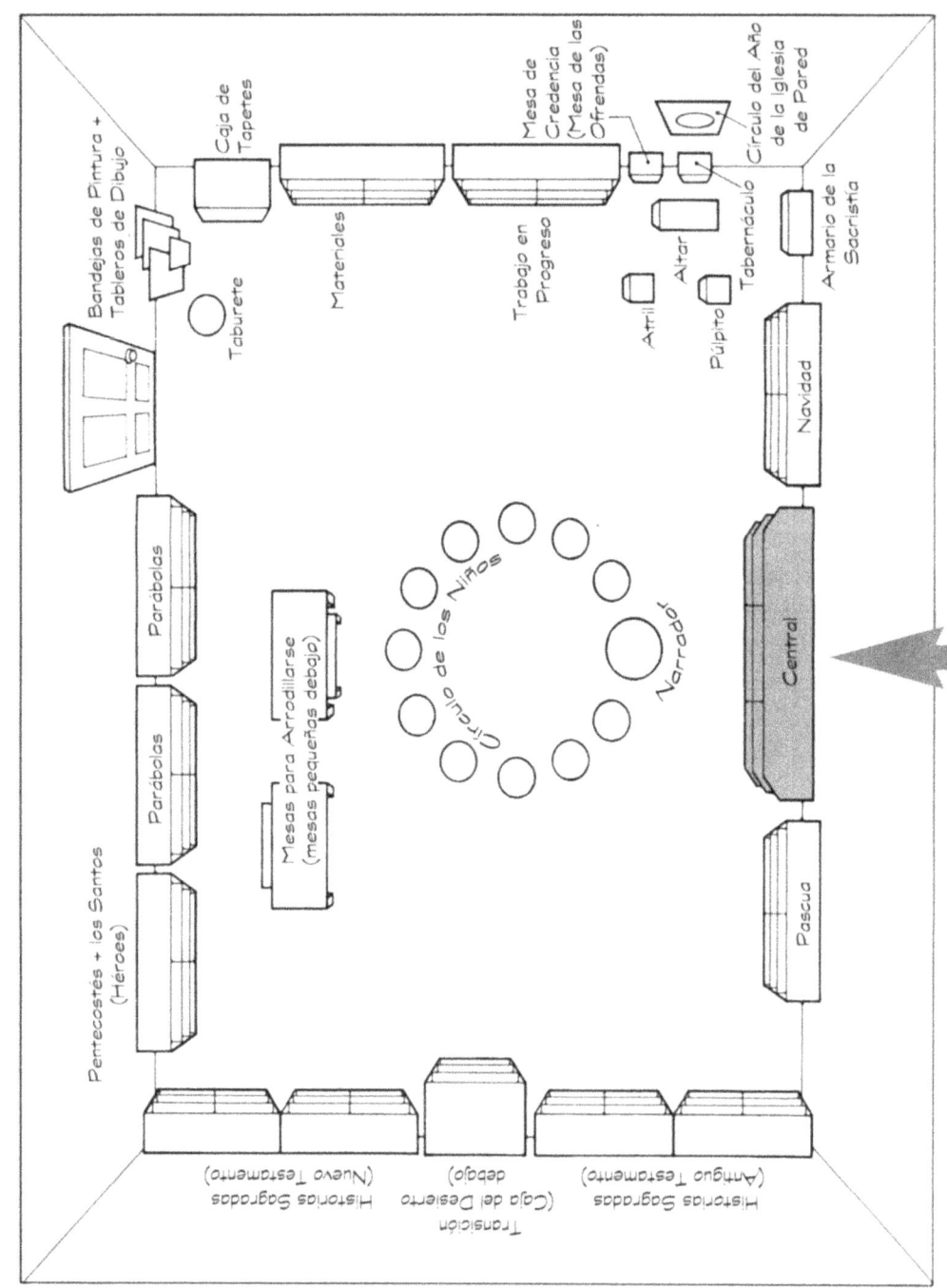

DONDE ENCONTRAR LOS MATERIALES

MOVIMIENTOS

El narrador se sienta enfrente del estante central. En el centro del estante superior se encuentra la Sagrada Familia, que se encuentra sobre un paño acorde con el momento litúrgico del año – verde por Pentecostés, blanco para la Pascua, y así los demás. Detrás de la Sagrada Familia, hay una imagen o escultura del Cristo Resucitado.

Cuente esta historia siempre que quiera cambiar el paño que está debajo de la Sagrada Familia, el punto central del salón a lo largo del año. Para esta lección, simplemente tenga a la Sagrada Familia ya puesta sobre un paño verde. En esta narración, usted cambiará el color del paño de púrpura o azul, al color utilizado en su Iglesia para el Adviento.

Comience cuando los niños ya estén sentados y tranquilos en el círculo. Vaya hasta la caja de tapetes y traiga uno. Regrese al círculo y desenróllelo. De la vuelta y tome la bandeja circular de la Sagrada Familia de los estantes inferiores detrás de usted. Es suficientemente grande para llevar a todas las figuras de la Sagrada Familia. El fondo de la bandeja está cubierto por un fieltro blanco.

Muévase hacia un lado para que los niños puedan ver a la Sagrada Familia en el estante detrás de usted. Camine hacia el estante y abra sus brazos para mostrar de lo que va a hablar. Haga una pausa, para concentrarse en la historia antes de comenzar.

Recoja al niño Jesús del pesebre y póngalo en la palma de su mano para que todos los niños lo puedan ver.

DIÁLOGO

Esta es la Sagrada Familia. A veces cuando ustedes ven algo como esto, saben que los niños no lo pueden tocar. Se puede romper fácilmente, así que tienen que pedir permiso para tocarlos o trabajar con ellos. Esta Sagrada Familia es para ustedes. Es para que puedan tocarla y puedan trabajar con ella, y no necesitan pedir permiso para hacerlo.

Este es el Niño Jesús. Está estirando sus brazos para abrazarlos.

| MOVIMIENTOS | DIÁLOGO |

LA SAGRADA FAMILIA

Ponga el pesebre sobre la bandeja circular blanca enfrente de usted. Vuelva a colocar al Niño Jesús en el pesebre.	
Sostenga a la Virgen María en la palma de su mano de la misma manera, mostrándosela a los niños. Colóquela nuevamente detrás del pesebre, mirando hacia los niños.	Aquí está la Madre María.
Sostenga a José en la palma de su mano y luego colóquelo junto a María.	Aquí está el padre, José.
Tome al burro y colóquelo a un lado de María.	Aquí está el burro que montó María cuando ella y José fueron a Belén para ser censados por los soldados romanos. María estaba a punto de tener a su bebé, y le era difícil caminar. A veces montaba en el burro. Pero también es difícil montar en burro cuando se está a punto de tener un bebé. Entonces, desmontaba del burro y caminaba.
Sostenga la vaca y póngala a un lado de José.	Aquí está la vaca que estaba en el establo cuando nació el bebé. La vaca se sorprendió mucho al hallar un bebé en la caja de su comida, el pesebre, donde usualmente encontraba su desayuno.
Tome al pastor y las ovejas, y colóquelos mirando hacia el Niño Jesús, del otro lado del pesebre de donde están María y José.	Aquí está el pastor que vio la gran luz en el cielo esa noche. Había más pastores, pero nosotros usamos uno para recordarles. Aquí tenemos algunas ovejas. Había muchas más, pero éstas nos ayudarán a recordarles.

MOVIMIENTOS	DIÁLOGO
	Cuando vieron la gran luz en la oscuridad, tuvieron miedo. Yo también lo hubiese sentido. Entonces, oyeron cánticos. Eso también les asustó, hasta que oyeron lo que decían esas canciones. Los ángeles cantaban que venían a traer paz a la tierra y buena voluntad a toda la gente. "Corran. Apresúrense. Vayan a Belén. ¡Algo ha pasado allí, algo que cambiará todo!"
Tome a los Tres Reyes Magos y colóquelos en su lugar mientras habla.	Aquí están los tres reyes magos, los hombres sabios. Ellos eran tan sabios que la gente creyó que eran magos. En su lenguaje se les llamaba Magos, y esa palabra es la palabra de la cual nosotros obtuvimos nuestra palabra magia. Ellos sabían tanto que la gente pensó que eran mágicos. De todas las cosas que sabían, había una de la que sabían más, sabían mucho sobre las estrellas.
	Un día vieron una estrella diferente. Los Magos sabían donde tenían que estar todas las estrellas en el cielo, pero esta estrella era nueva, y se movía. Esta estrella no estaba en sus mapas del cielo. Así que cuando se movió, sintieron curiosidad y la siguieron. Ella los guió hasta un establo donde había nacido el Niño Jesús.
	Los tres reyes magos trajeron consigo regalos para el Niño Jesús: oro, incienso y mirra.
Recoja al Niño Jesús del pesebre. Sosténgalo mirando hacia los niños y continúe haciéndolo mientras habla.	Aquí está el pequeño bebé estirando sus bracitos para abrazarlos a ustedes. El creció para hacerse hombre y morir en la cruz. Es una historia muy triste, pero también maravillosa, en la forma de ser de Pascua.
Mueva al Niño Jesús lentamente y con dignidad hacia la imagen o la escultura del Cristo resucitado. Superponga el bebé con los brazos abiertos a la imagen del Cristo resucitado con sus brazos abiertos. Ponga al bebe con los brazos estirados encima del Cristo ascendiendo con los brazos extendidos.	Ahora puede alcanzarnos y dar un abrazo a todo el mundo. Él no está solo en este o ese lugar. Él está en todos lados, y en todo momento.

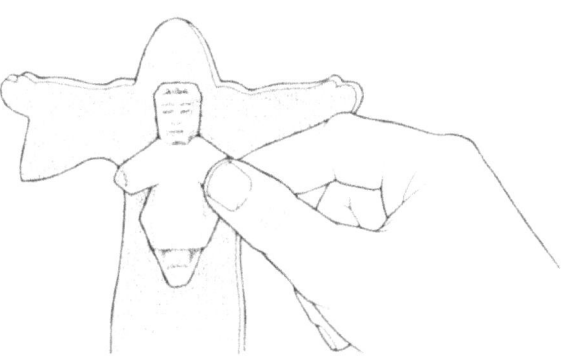

EL NIÑO CRISTO Y EL CRISTO RESUCITADO

| **MOVIMIENTOS** | **DIÁLOGO** |

Regrese al Niño Jesús al pesebre. Siéntese y silenciosamente asimile toda la escena. Tenga presente su significado.

Enrolle el fieltro verde del estante superior central. Colóquelo en la bandeja de los paños litúrgicos en el estante medio de los estantes centrales. De esta misma bandeja, saque el paño púrpura o azul y desenróllelo en el estante superior.

Ahora comience a colocar a la Sagrada Familia en su lugar, uno por uno, sin prisas, nombrando cada una de las figuras mientras lentamente y con cuidado los deja sobre el paño púrpura (Ya sea para colocar las figuras en la bandeja blanca o para regresarlas al estante central, utilice la disposición ilustrada en la página 24)

Aquí está el Niño Jesús.
Aquí, la Madre María.
Aquí, está el Padre, José.
Aquí está el burro que María montó.
Aquí está la vaca que se sorprendió en la mañana.
Este es uno de los pastores y algunos de sus corderos.
Y estos son los hombres sabios, los tres Reyes Magos.

Esta es la Sagrada Familia, y ustedes pueden trabajar con estas figuras cada vez que lo deseen. En nuestro salón de clases, ellas, les pertenecen.

Haga una pausa y comience con las preguntas con los niños.

Ahora me pregunto, ¿qué parte de la Sagrada Familia les gustó más?

Me pregunto, ¿qué parte de la Sagrada Familia será la más importante?

Me pregunto, ¿han visto a alguno de los integrantes de la Sagrada Familia en nuestra iglesia?

Me pregunto, ¿si hay alguien de la Sagrada Familia que pudiéramos quitar y todavía tendríamos todo lo que necesitamos?

Siéntese mientras las preguntas terminan. Disfrute de lo dicho y hecho. Luego, empiece a caminar alrededor del círculo ayudando a los niños a escoger su trabajo, uno a la vez.

Ahora es tiempo de sacar nuestro trabajo. ¿Qué trabajo quieren hacer hoy? Pueden trabajar con la Sagrada Familia, o pueden hacer un trabajo acerca de ella. Tal vez quieran terminar algo en lo que ya estaban trabajando. Tal vez quieran trabajar con otros materiales. Hay mucho de donde escoger. Mientras yo doy una vuelta alrededor del círculo, piensen en lo que van a trabajar.

LECCIÓN 1
ADVIENTO I

NOTAS DE LA LECCIÓN
ENFOQUE: LA SAGRADA FAMILIA
- ACCIÓN LITÚRGICA
- PRESENTACIÓN CENTRAL

EL MATERIAL
- LOCALIZACIÓN: ESTANTES CENTRALES Y ESTANTES DE NAVIDAD
- PIEZAS: TARJETAS DE ADVIENTO EN UN PORTA-TARJETAS O UNA BANDEJA; 4 VELAS DE ADVIENTO EN UNA CAJA, CERILLOS EN UNA CAJA DE METAL Y UN APAGAVELAS, TODO SOBRE UNA BANDEJA; FIELTRO O PAÑO PÚRPURA O AZUL; MODELO DE BELÉN; OPCIONAL: CANDELERO
- BASE: PÚRPURA (O AZUL) Y BLANCO

ANTECEDENTES
Esta lección, junto con las tres siguientes, ayuda a los niños a anticipar el misterio de Navidad. Nos movemos hacia Belén, y llegamos para el nacimiento de Jesús y la iluminación de la Vela de Cristo en la Iglesia.

A menudo, las Iglesias tienen costumbres que imposibilitan brindar una sola lección acerca de Adviento en cada uno de los domingos de la estación. Por ejemplo, toda la congregación puede utilizar el primer Domingo de la estación, para hacer juntos guirnaldas de Adviento, o dejar el cuarto Domingo para tener una fiesta de Navidad con los niños. En tales situaciones, grupos de lecciones parecen la mejor opción, presentando dos o hasta tres tarjetas de Adviento en un Domingo. Recuerde también, comenzar la primera sesión de Adviento juntos narrando la historia de la Sagrada Familia (páginas 20 a 26), en orden de cambiar el color litúrgico de verde a púrpura (o azul).

NOTAS SOBRE EL MATERIAL
Encontrará los materiales para esta presentación en los estantes de Navidad y en los estantes centrales. Los estantes de Navidad están a la izquierda de los estantes centrales. El modelo de Belén se encuentra en el extremo izquierdo del estante superior de Navidad. En el medio del estante superior encontrará una bandeja o un porta—tarjetas con las tarjetas de Adviento. La caja de las velas, el recipiente con los fósforos, y el apagavelas están en una bandeja en el extremo izquierdo del segundo estante (debajo del modelo de Belén).

Jugar Junto a Dios

Un expositor especial o un porta—tarjetas para las tarjetas de Adviento las hacen más visibles para un niño que está explorando el salón. Este expositor para las tarjetas debería también llevar el fieltro de base enrollado. Si no utiliza este expositor, coloque el fieltro enrollado y las tarjetas en una bandeja. Podría revestir la bandeja con un fieltro o un paño de color púrpura o azul.

Hay cinco tarjetas o placas en madera, representando, en este orden:
- los profetas
- la Sagrada Familia
- los pastores
- los Reyes Magos
- el nacimiento de Jesús

Estas tarjetas o placas descansan sobre una tira de paño dividida en 5 secciones iguales, una sección para cada una de las cuatro semanas de Adviento, más una sección adicional para la fiesta de Navidad. Las cuatro primeras secciones de este paño son de color púrpura o azul (por Adviento); la quinta y última sección es blanca (por Navidad). Este paño es la base para Adviento; enróllelo de tal forma que el segmento blanco quede escondido en su interior. (Una ilustración de la base, con las 5 tarjetas y placas y las velas mostradas en orden, aparece en la Lección 5, página 68.)

Muchas Iglesias utilizan el azul como color para Adviento. En esta presentación, nos referiremos al color litúrgico púrpura, pero usted utilice el color que se utiliza en su Iglesia. En vez de referirse al púrpura como el color real, señale que el color azul es un buen color para prepararse, porque es el color asociado con María, la madre de Jesús. Sin la madre María, no hubiese habido un bebé.

También necesitaremos una caja para guardar las velas utilizadas en esta lección. En esta presentación, nos referiremos a una vela rosada y a tres de color púrpura, pero, de nuevo, siga la costumbre en colores de su Iglesia. Utilice velas con bases amplias por un tema de estabilidad (por ejemplo; velas votivas o de pila), o, si utiliza velas comunes, utilice candeleros. También necesitará, un recipiente metálico para los fósforos, busque en tiendas de importación recipientes metálicos hermosos y baratos. ¡Piense que este recipiente se puede deslustrar, y algunos niños podrían disfrutar lustrándolo en el salón de clases! También necesitará un apagavelas. Guarde estos artículos (velas, fósforos, y apagavelas) en una bandeja forrada en paño o fieltro de color púrpura o azul.

Finalmente, usted necesitará un modelo de la ciudad de Belén, similar al ilustrado en la página 31. Debe ser colocado en el medio del círculo de niños para remarcar que todos estamos en camino hacia Belén, incluido el narrador.

NOTAS ESPECIALES

Manejo del Salón de Clases: Trabajar con fuego durante la clase es problemático. Significa algo diferente para diferentes edades o para niños diferentes. Algunos niños necesitan más supervisión que otros. A veces los niños se sienten más atraídos por el fuego que por el significado de la lección, así que necesitan más apoyo y supervisión para llevarla adelante. Esta atracción, de cualquier manera, es aún un punto de entrada a la lección, así que no se preocupe demasiado sobre el por qué están interesados. Solo esté consciente que esos son los niños que necesitan mayor supervisión. Una manera pragmática de manejar estos asuntos es haciendo una regla para todos, el narrador es el que enciende siempre las velas.

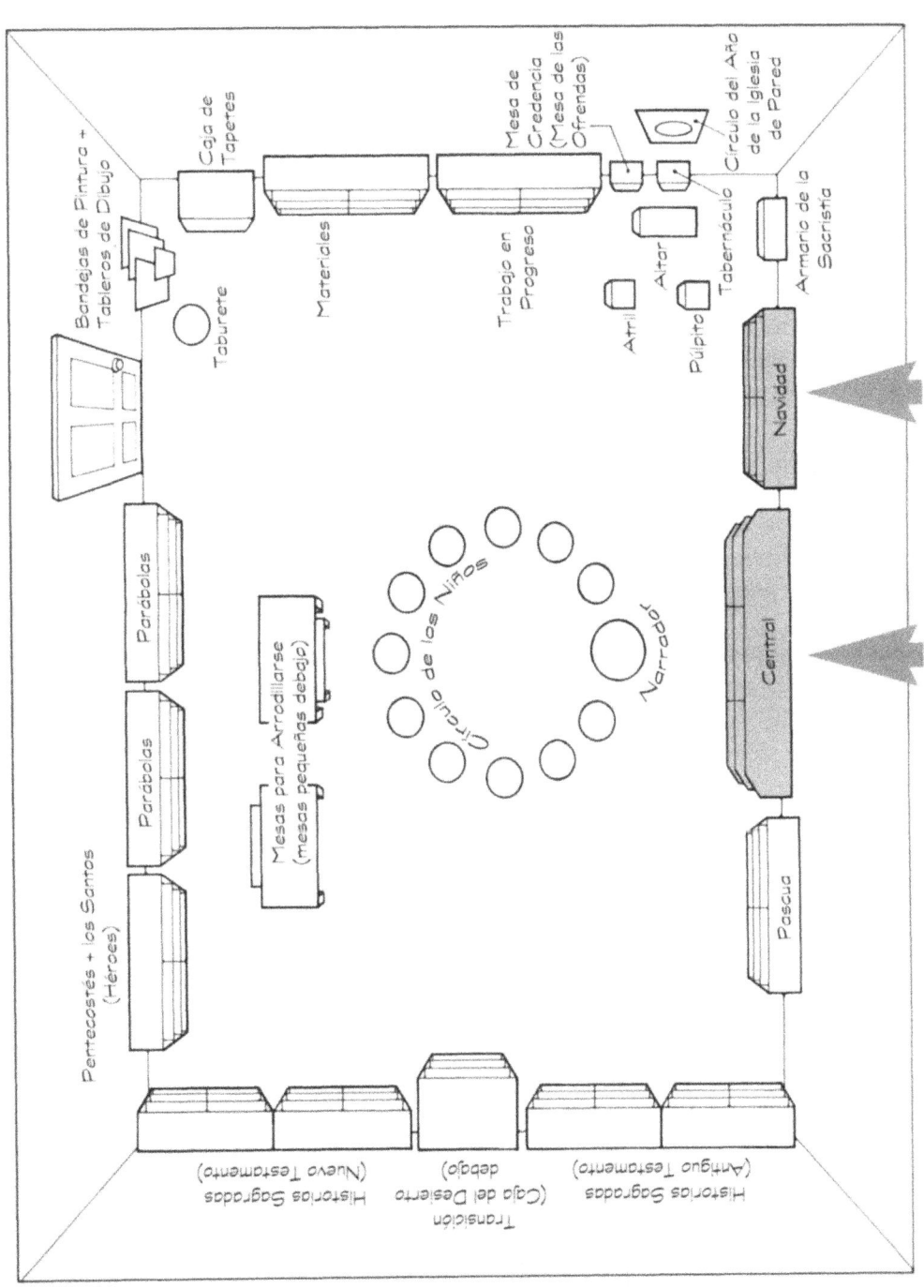

DONDE ENCONTRAR LOS MATERIALES

MOVIMIENTOS

Cuando los niños estén listos; vaya a los estantes de navidad.

Traiga las tarjetas y la base (sobre el porta—tarjetas o la bandeja) hasta el círculo y colóquelo a un lado de donde está sentado. Luego, en otro viaje, traiga la bandeja que tiene las velas, el recipiente con los cerillos, y el apagavelas; igualmente colóquelo a su lado. Finalmente, en un tercer viaje, traiga el modelo de Belén y colóquelo en el medio del círculo. En cada viaje, camine cuidadosamente y maneje los materiales con respeto. Manténgase sentado y espere a que todos estén listos, entonces comience.

Empiece a desenrollar el fieltro de base mientras introduce el color de Adviento, la temporada que está preparando. Solo desenrolle lo necesario para colocar la primera tarjeta.

Coloque su mano sobre el púrpura.

DIÁLOGO

Miren cuidadosamente hacia dónde voy, para que recuerden siempre dónde hallar esta lección.

Todo ha cambiado. Ahora es tiempo para el color púrpura (o azul).

El púrpura es el color de los reyes y reinas. Nadie podía vestir púrpura en esos tiempos excepto la realeza. Los ciudadanos romanos solo podían poner una pequeña raya púrpura en sus vestimentas, y eso era todo. El color púrpura es un color serio, y algo serio está por ocurrir. Un Rey está en camino, pero este Rey no es el tipo de rey que la gente pensaba que venía. Este Rey no tiene ejército, ni una gran casa, ni riquezas. Este rey fue un bebé que nació en un establo.

El rey que llegaba aún está llegando. Esta lleno de misterio. Saben, a veces es difícil entender un misterio. Es por eso que esta época de Adviento es tan importante. A veces la gente puede caminar a través de un misterio y no saber que está allí. En esta época del año ustedes verán a las personas correr a las tiendas a comprar cosas y los verán haciendo esto o aquello, pero ellos se perderán el misterio. Ellos no saben cómo prepararse o tal vez simplemente lo olvidaron.

La iglesia aprendió hace mucho tiempo que la gente necesita saber cómo prepararse para entender o acercarse a un misterio como el de la Navidad. Y por eso, la iglesia apartó cuatro semanas para prepararse. Este es un Misterio tan grande, que lleva

| MOVIMIENTOS | DIÁLOGO |

todo ese tiempo para prepararse. Durante este tiempo, todos vamos en camino hacia Belén. Todos estamos haciendo el viaje. Todos estamos preparándonos para entender el Misterio de la Navidad, así que vayamos con los profetas, la Sagrada Familia, los pastores, los ángeles, los Magos y todos los demás, para hacer este viaje, que no solo ocurrió hace mucho tiempo. También ocurre hoy en día.

Coloque la primera tarjeta de Adviento en su lugar en el fieltro de base. La primera tarjeta muestra una vela de Adviento encendida y una mano profética señalando el camino.

Los profetas son personas que se acercan tanto a Dios, y a las que Dios se acerca tanto, que ellos saben qué es lo más importante.

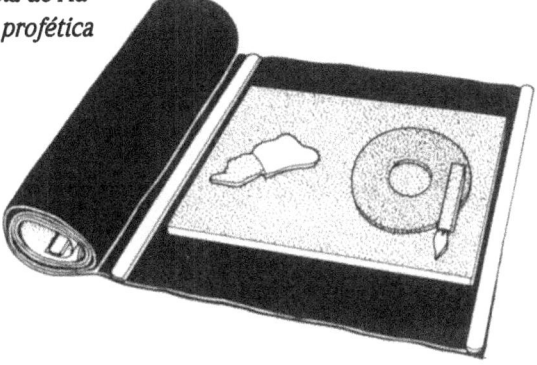

LA PRIMERA TARJETA DE ADVIENTO (PERSPECTIVA DEL NARRADOR)

Señale el modelo de Belén que usted colocó en el medio del círculo al comienzo de la lección.

Ellos mostraron el camino a Belén. Ellos no sabían que era lo que iba a pasar exactamente allí, pero si sabían que ese era el lugar correcto.

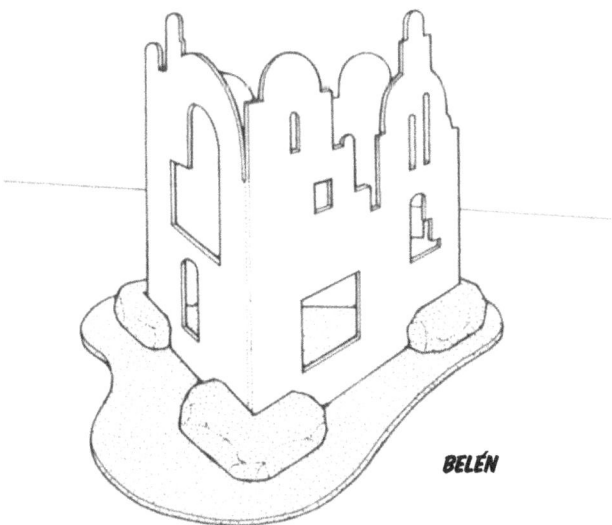

BELÉN

Este Domingo es el momento en que recordamos a los profetas. Acá está la mano del profeta apuntando el camino a Belén, mostrándonos el camino a nosotros también.

Jugar Junto a Dios   Adviento I

MOVIMIENTOS	**DIÁLOGO**
Señale nuevamente. Sea enfático, remárquelo, sea definitivo.	Alto. Miren. Presten atención. Algo increíble va a pasar en Belén.
Coloque la primera de las velas púrpuras entre usted y el fieltro de base con la tarjeta sobre el mismo. Tome la caja de cerillos. Ábrala, tome uno y encienda la vela.	Esta es la luz de los profetas. Disfrutemos de la luz.
Siéntese por un momento y disfrute genuinamente de la luz de los profetas. Puede incluso pedirle al portero, con un gesto, que apague la luz, así esta será más visible. A veces las velas se consumen de tal forma, que lo único que los niños pueden ver es la luz brillando sin la llama o solamente el brillo sobre la vela. El narrador mira hacia abajo y puede ver la llama, pero los niños tal vez no.	Los profetas eran personas que sabían las cosas más importantes. Ellos sabían que camino seguir. Ellos son los únicos que nos muestran el camino. Ahora nosotros también podemos ir a Belén.
Pida al portero que encienda las luces, y que regrese a su sitio. Tome el apagavelas.	Quiero mostrarles algo muy extraño y a la vez, muy importante. Miren.
	Quiero mostrarles lo que pasa cuando la luz cambia. A veces la gente no pone atención. Y ellos, no se dan cuenta de esto.
	Miren. ¿Ven cómo la flama está en un solo lugar? Está justo aquí. Cuando yo cambie la luz, no estará en un solo lugar. No pueden verla después que se dispersa por todo el salón, pero allí está.
Apague la vela, sosteniendo el apagador de la vela encima de la flama para que se llene de humo. Cuando lo levante el humo se elevará y expandirá en el cuarto.	Observen. ¿Lo ven? Ya no está aquí, en un solo lugar. Ahora se está dispersando, haciéndose más y más delgada en el aire mientras llena el salón con la luz de los profetas. Adonde quiera que vayan en este cuarto, estarán cerca de los profetas.
	Aún puede ser uno de los que estamos aquí, en este círculo. Los profetas pueden ser niños, o pueden ser niñas. Ellos prestan atención. Ellos saben cosas.

MOVIMIENTOS

Disfrute el momento y después comience a guardar los materiales. No hay preguntas al final de esta lección. Es mejor simplemente dejar que la presencia de los profetas quede en el salón.

Lleve el modelo de la ciudad de Belén a su estante primero. Guarde la tarjeta y el fieltro en el porta—tarjetas o en la bandeja, y regréselo a su estante. Por último, guarde las velas, asegurándose que la cera se ha enfriado, así no se derramará en la bandeja forrada en paño. Asegúrese que los cerillos están bien guardados en su recipiente.

Cuando todo ha sido guardado, regrese al círculo y ayude a los niños a tomar decisiones acerca de qué trabajo harán a continuación.

DIÁLOGO

Ahora, observen cuidadosamente, adonde llevo este material, para que siempre sepan dónde encontrarlo si quieren trabajar con él.

LECCIÓN 2
ADVIENTO II

NOTAS DE LA LECCIÓN
ENFOQUE: LA SAGRADA FAMILIA
- ACCIÓN LITÚRGICA
- PRESENTACIÓN CENTRAL

EL MATERIAL
- LOCALIZACIÓN: ESTANTES CENTRALES Y ESTANTES DE NAVIDAD
- PIEZAS: TARJETAS DE ADVIENTO EN UN PORTA-TARJETAS O UNA BANDEJA; 4 VELAS DE ADVIENTO EN UNA CAJA, CERILLOS EN UNA CAJA DE METAL Y UN APAGAVELAS, TODO SOBRE UNA BANDEJA; FIELTRO O PAÑO PÚRPURA O AZUL; MODELO DE BELÉN; OPCIONAL: CANDELERO
- BASE: PÚRPURA (O AZUL) Y BLANCO

ANTECEDENTES

Esta lección ayuda a los niños a continuar su preparación para el Misterio de la Navidad. Nos movemos hacia Belén, guiados por las señales de los profetas, con la Sagrada Familia, los pastores y los Reyes Magos. Llegamos para el nacimiento de Jesús y la iluminación de la Vela de Cristo en la iglesia. La presentación de esta semana se enfoca en la Sagrada Familia.

Usted comienza la lección de esta semana presentando la primera de las cuatro tarjetas de Adviento y narra acerca de los profetas; vea la Lección 1, en páginas 27 a 33 por los movimientos y la narración.

En esta lección, usted entonces adiciona la segunda tarjeta de Adviento y cuenta la historia de la Sagrada Familia.

NOTAS SOBRE LOS MATERIALES

Encontrará los materiales para esta presentación, en los estantes de Navidad y en el estante central. Por una descripción completa, vea las Notas Sobre el Material en la Lección 1, página 27.

NOTAS ESPECIALES

Manejo del Salón de Clases: Encontrará consejos prácticos sobre trabajar con fuego en la página 28. Otro asunto que puede surgir con la presentación de Adviento es la resistencia por parte de los niños mayores acerca del lenguaje de "prepararse para entrar en el Misterio". Apoyar a los niños mientras ellos luchan con su resistencia es parte de nuestro arte. Estos niños todavía no saben como el lenguaje de la gente Cristiana funciona. Hay muy poca experiencia sobre este lenguaje en nuestra cultura, y ciertamente menos en su actividad escolar curricular.

No se rinda frente a sus quejas honestas—y a veces no tan honestas—acerca de estar aburridos o que ya tuvieron esta lección. Algunas veces los niños se resisten simplemente por ser revoltosos o hasta para evitar la molestia de la intimidad que implica la lección.

Afirme que ser parte de esta historia no es fácil. Dios nunca dijo que sería fácil. Usted nunca dijo que sería fácil. No es tan fácil como las matemáticas. Matemáticas es una manera de hablar en la que siempre es lo mismo. $2 + 2 = 4$. En matemática elemental, esto es siempre correcto. $12 - 4 = 8$. Encantador. La matemática es reconfortante. ¡Mantiene las cosas en orden!

El lenguaje religioso también da orden a nuestras vidas, como el ir cada domingo a la iglesia, o ir a bodas y funerales, o al guardar las estaciones del año de la Iglesia. A la vez que nos ayuda a mantener un orden, también nos pide que encontremos que es nuevo y diferente en la rutina y monotonía de nuestras vidas. El lenguaje religioso es un lenguaje generativo: nos llama a ser, quienes supuestamente somos verdaderamente, criaturas creadoras.

Esta lección es diferente de las matemáticas y la ciencia en otra manera. Estamos tratando de develar un misterio. Queremos acercarnos tanto a él como sea posible. No se puede hacer eso, y al mismo tiempo apartarnos para medirlo y analizarlo. No se puede sumar tres misterios a cuatro misterios para saber cual es la suma de un misterio. Cada misterio forma parte de la suma de todos los misterios. El misterio de Navidad se parece más a una puerta por la cual ingresamos, que una pared en la cual escribir números o dibujar.

Lo que es importante en este tipo de lenguaje es encontrar su camino hacia un significado, un significado que crece. En el lenguaje religioso siempre hay más. Es como un pozo que jamás se llena. Usted puede cansarse de tal desafío, pero el lenguaje y su origen, nunca se agota o queda vacío.

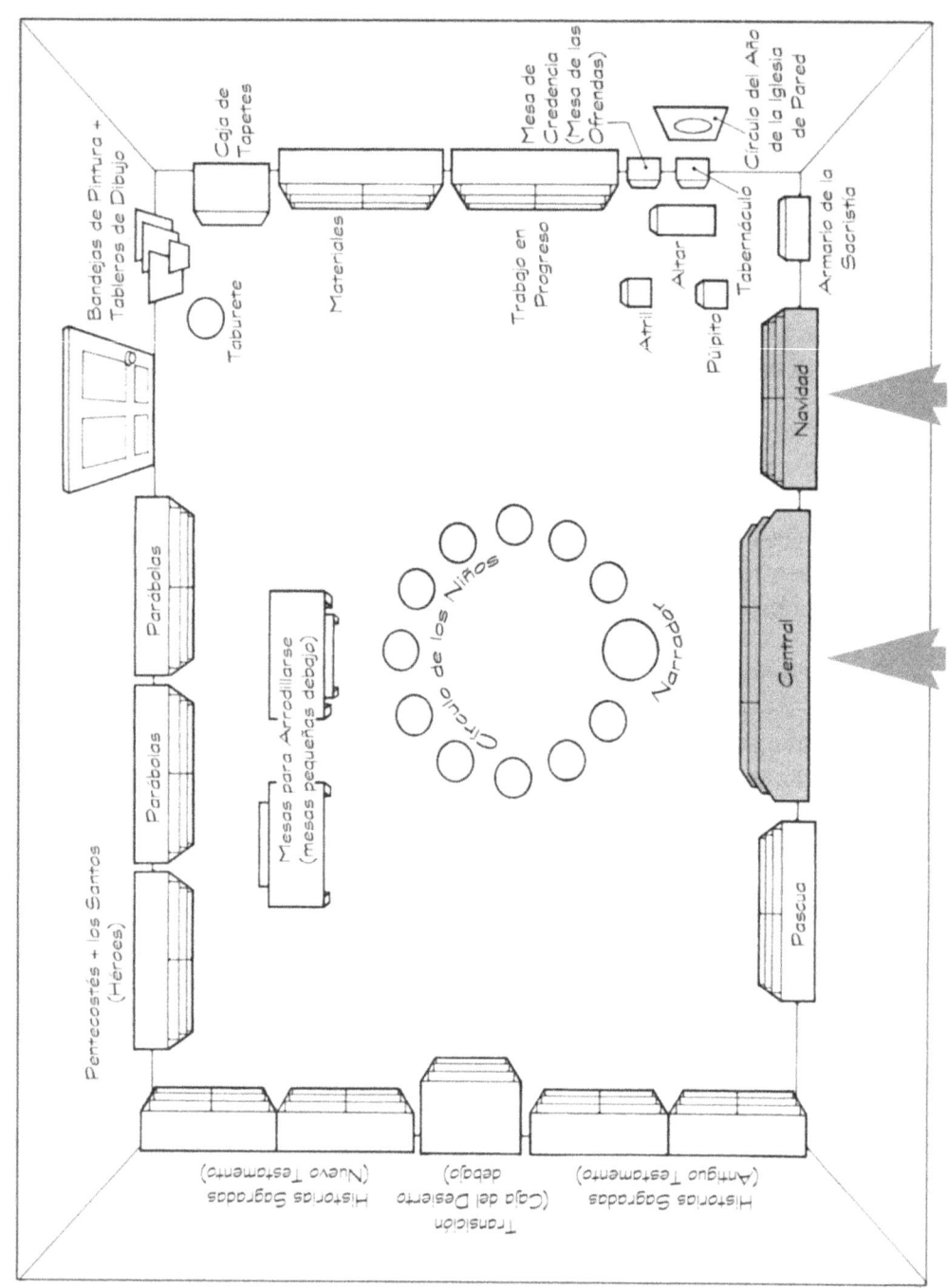

DONDE ENCONTRAR LOS MATERIALES

MOVIMIENTOS

Cuando los niños estén preparados, vaya hacia los estantes de Navidad y saque los materiales que necesita, como se describe en la Lección 1, Adviento I. (página 30)

Coloque la primera tarjeta de Adviento y cuente sobre los profetas. No minimice ni apresure la historia. Termine con las palabras: "Algo increíble va a pasar en Belén."

Desenrolle el fieltro de base para descubrir la siguiente sección. Coloque la segunda tarjeta de Adviento, a la izquierda de la primera tarjeta. La segunda tarjeta muestra dos velas y una imagen de Belén.

Señale al símbolo de Belén en la tarjeta

DIÁLOGO

Miren atentamente hacia adonde voy así siempre sabrán dónde encontrar los materiales para esta lección.

Esta es la tarjeta de la Sagrada Familia.

¿Pueden ver en la tarjeta a Belén, y el camino? La Sagrada Familia está en camino a Belén y nosotros vamos con ellos.

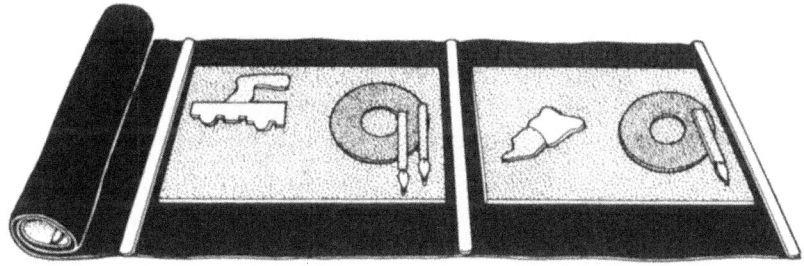

LA PRIMERA Y SEGUNDA TARJETA DE ADVIENTO (PERSPECTIVA DEL NARRADOR)

Gire hacia los estantes centrales que están detrás de usted. Tome a María de la Sagrada Familia que está en el centro del estante superior y colóquela sobre la tarjeta, cercana a usted.

Aquí está la Madre María.

Siguiendo, tome la figura de José y colóquela sobre la tarjeta.

Aquí está el Padre José.

Coloque la figura del burro sobre la tarjeta, entre María y José.

Aquí está el burro.

Jugar Junto a Dios

MOVIMIENTOS	**DIÁLOGO**
	María está a punto de tener un bebé. Es muy difícil caminar cuando se está a punto de tener un bebé. A veces, ella ni siquiera podía dar un paso más por el cansancio. Entonces, montaba al burro.
	Montar un burro también es algo difícil cuando se va a tener un bebé. Cuando se cansaba de montar en el burro, desmontaba y seguía caminando. Y así hizo todo el camino, montando y caminando.
	Ellos debieron ser las últimas personas que venían por el camino hacia Belén esa noche.
Siéntese y disfrute como, en esta segunda semana de Adviento, todos vamos en camino hacia el Misterio de la Navidad. Después, saque dos velas y enciéndalas.	Aquí está la luz de los profetas. Aquí está la luz de la Madre María y del Padre José mientras hacen su camino hacia Belén.
	Disfrutemos la luz.
El portero puede apagar las luces del salón así los niños pueden ver el resplandor de las velas. Siéntese y disfrute de la luz.	
Si el portero ha apagado las luces, ahora deberá encenderlas. Tome el apagavelas desde la bandeja de las velas.	Ahora miren. Voy a cambiar la luz. ¿Ven cómo la luz de los profetas está en un solo lugar? Voy a cambiar la luz para que esté en todos los lugares.
Apague la primera vela. Mantenga el apagavelas sobre la llama para que se llene con el humo. Cuando lo levante, el humo se emergerá y comenzará a dispersarse. Luego, apague la segunda vela en la misma forma.	Ahora observen nuevamente. ¿Ven la luz de la Madre María y el Padre José en un solo lugar? Voy a cambiar la luz para que esté en todos lados.
	¿Ven como la luz no se ha ido? Ha cambiado. Ya no está en un solo lugar; se está dispersando, haciéndose más tenue, y llenando todo el salón. El salón se está llenando con la luz de los profetas y con la luz de la Madre María y el Padre José. Adonde quiera que vayan en este salón, estarán cerca de ellos en el día de hoy.
Disfrute el momento y comience a guardar los materiales de la lección. No hay preguntas al final de esta lección.	Ahora observen cuidadosamente a dónde llevo este material, para que siempre sepan dónde encontrarlo, si quieren trabajar con él.

MOVIMIENTOS ## DIÁLOGO

Lleve el modelo de la ciudad de Belén a su estante primero. Guarde la tarjeta y el fieltro en el porta—tarjetas o en la bandeja, y regréselo a su estante. Regrese a María, José y al burro a los estantes centrales. Por último, guarde las velas, asegurándose que la cera se ha enfriado, así no se derramará en la bandeja forrada en paño. Asegúrese que los cerillos están bien guardados en su recipiente.

Cuando todo ha sido guardado, regrese al círculo y ayude a los niños a tomar decisiones acerca de qué trabajo harán a continuación.

LECCIÓN 3
ADVIENTO III

NOTAS DE LA LECCIÓN
ENFOQUE: LOS PASTORES
- ACCIÓN LITÚRGICA
- PRESENTACIÓN CENTRAL

EL MATERIAL
- LOCALIZACIÓN: ESTANTES CENTRALES Y ESTANTES DE NAVIDAD
- PIEZAS: TARJETAS DE ADVIENTO EN UN PORTA-TARJETAS O UNA BANDEJA; 4 VELAS DE ADVIENTO EN UNA CAJA, CERILLOS EN UNA CAJA DE METAL Y UN APAGAVELAS, TODO SOBRE UNA BANDEJA; FIELTRO O PAÑO PÚRPURA O AZUL; MODELO DE BELÉN; OPCIONAL: CANDELERO
- BASE: PÚRPURA (O AZUL) Y BLANCO

ANTECEDENTES

Esta lección ayuda a los niños a continuar su preparación para el Misterio de la Navidad. Nos movemos hacia Belén, guiados por las señales de los profetas, con la Sagrada Familia, los pastores y los Reyes Magos. Llegamos para el nacimiento de Jesús y la iluminación de la Vela de Cristo en la iglesia. La presentación de esta semana se enfoca en los pastores.

Usted comienza la lección de esta semana presentando la primera y la segunda de las cuatro tarjetas de Adviento y narra las historias que se encuentran en la Lección 1 (páginas 27 a 33) y la Lección 2 (páginas 34 a 39).

En esta lección, usted entonces adiciona la tercera tarjeta de Adviento y cuenta la historia de los pastores.

NOTAS SOBRE EL MATERIAL

Encontrará los materiales para esta presentación, en los estantes de Navidad y en el estante central. Por una descripción completa de estos materiales, vea las Notas Sobre el Material en la Lección 1, página 27.

NOTAS ESPECIALES

Manejo del Salón de Clases: Esta es la tercera presentación de Adviento que ofrecemos. Si en la siguiente semana, su Iglesia no tendrá escuela dominical por realizar alguna actividad especial como una fiesta o desfile, usted deberá incluir la Lección 4 en el día de hoy, de esta manera incluirá las cuatro tarjetas de Adviento y sus historias en su presentación.

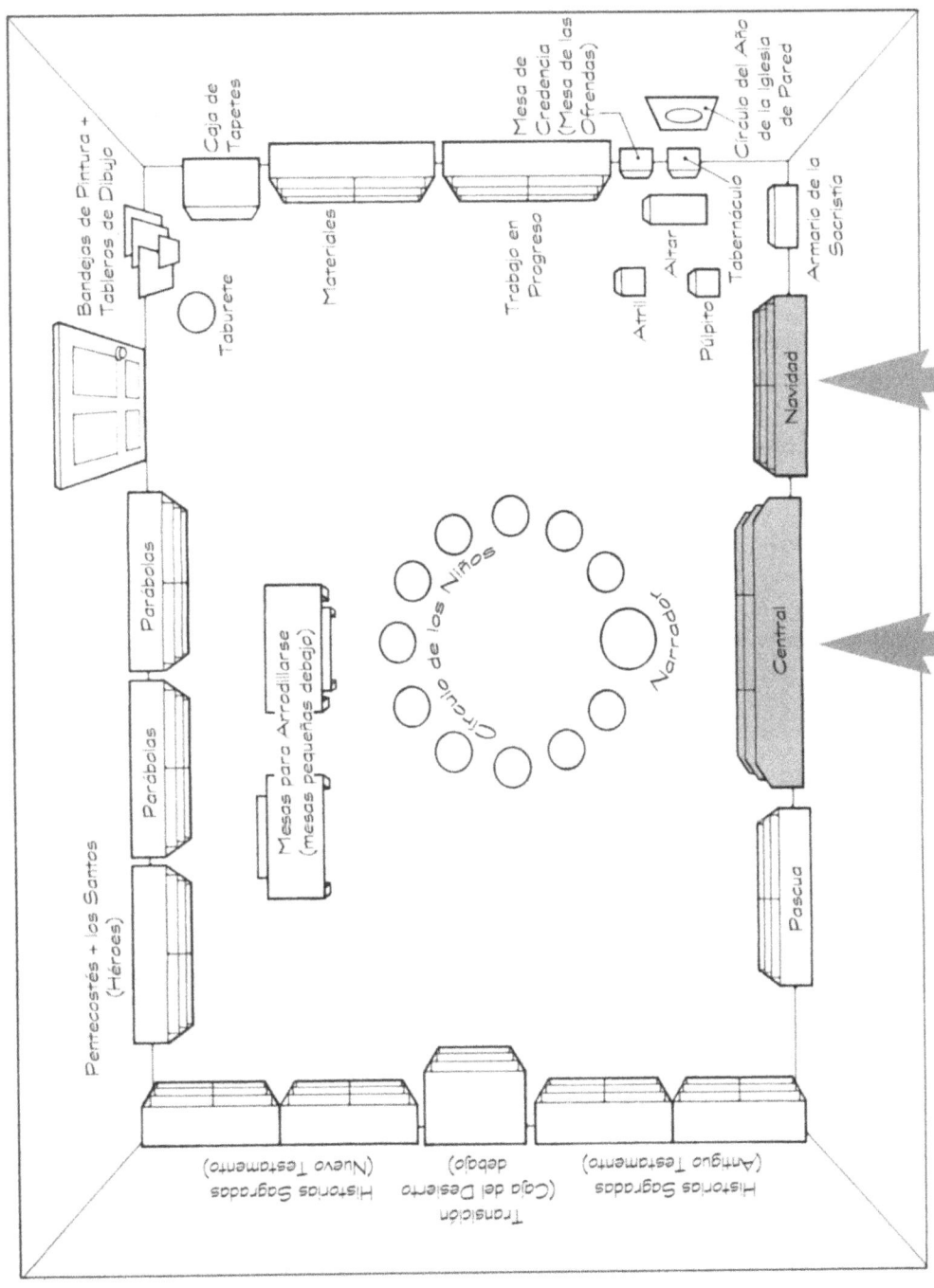

DONDE ENCONTRAR LOS MATERIALES

MOVIMIENTOS

Cuando los niños estén preparados, vaya hacia los estantes de Navidad y saque los materiales que necesita, como se describe en la Lección 1 (página 30) y están listados al comienzo de esta lección.

Coloque la primera tarjeta de Adviento y cuente sobre los profetas (páginas 30 a 32). No minimice ni apresure la historia. Termine con las palabras: "Algo increíble va a pasar en Belén."

Coloque la segunda tarjeta de Adviento y cuente sobre la Sagrada Familia (páginas 37 a 38). No minimice ni apresure la historia. Termine con las palabras: "Ellos debieron ser las últimas personas que venían por el camino hacia Belén esa noche."

Desenrolle el fieltro de base para descubrir la siguiente sección. Coloque la tercera tarjeta de Adviento, a la izquierda de la segunda tarjeta. La tercera tarjeta muestra tres velas y una imagen de un cordero.

DIÁLOGO

Miren atentamente hacia adonde voy así siempre sabrán dónde encontrar los materiales para esta lección.

Esta es la tarjeta de los pastores.

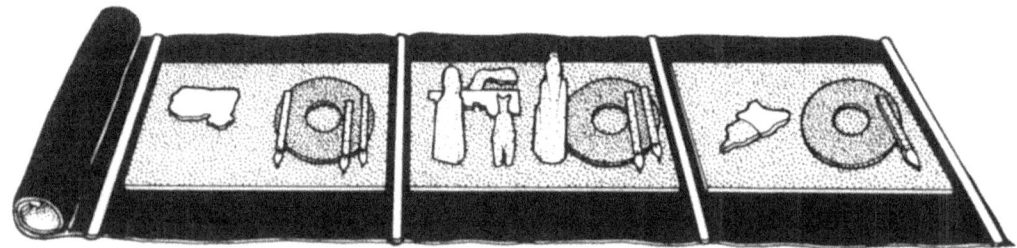

LA PRIMERA, SEGUNDA Y TERCERA TARJETA DE ADVIENTO (PERSPECTIVA DEL NARRADOR)

Gire hacia los estantes centrales que están detrás de usted. Tome al pastor y al cordero u oveja y colóquelos sobre la tercera tarjeta de Adviento, cercano a usted.

En el tercer domingo de Adviento recordaremos a los pastores que estaban en los campos cerca de Belén cuidando a sus ovejas. Ellos estaban tratando de mantenerse despiertos así los lobos no se llevarían a sus ovejas. De pronto, vieron en el cielo una luz tan fuerte, que lastimó sus ojos.

MOVIMIENTOS	**DIÁLOGO**
De palmadas en su pecho para hacer el sonido de un corazón latiendo.	Sintieron mucho miedo. Sus corazones latían fuertemente. ¡Cuando pudieron oír otra cosa que no fuera sus corazones, pensaron que estaban oyendo cantos que venían desde el cielo! Eso los asustó aún más, hasta que oyeron lo que decía la canción. Los ángeles estaban cantando, "No tengan miedo". Los ángeles dicen esto a menudo cuando se presentan, porque asusta tener a un mensajero de Dios viniendo hacia ti.

El canto de los ángeles sonaba más o menos así: "No tengan miedo. Les traemos buenas nuevas de gran alegría. La paz sea en la Tierra y buena voluntad para todos. Un niño ha nacido. Vayan. Apresúrense. Corran a Belén para ver al niño que habrá de cambiar todo". |
| *Coloque las tres velas, una por una, entre usted y las tres tarjetas sobre el fieltro de base.* | Aquí está la vela de los profetas. Esta es la vela de la Sagrada Familia. Y aquí esta la vela de los pastores. |
| *Señale a la tercera vela.* | Miren—hay algo diferente en esta vela. Es del color de las rosas. Esto es para recordarnos con que alegría cantaron los ángeles. También nos ayuda a recordar que es un asunto serio prepararnos al acercarnos tanto al misterio de la Navidad, pero uno no puede estar serio todo el tiempo mientras se prepara. ¡Este es el domingo en el que es tiempo para una pequeña celebración!

Hay una cosa más acerca del color de las rosas. Es también uno de los colores de la Madre María. La recordamos otra vez, porque sin la Madre María, no hubiera podido haber un bebé. |
Encienda las velas.	Disfrutemos de la luz.
Siéntese y disfrute la luz. El portero puede apagar las luces del salón de clases así los niños podrán ver a las velas resplandecer.	
Si apagó las luces, que el portero las encienda nuevamente. Tome el apagavelas desde la bandeja de las velas.	Ahora, voy a cambiar la luz. ¿Pueden ver cómo la luz de los profetas está en un solo lugar? Eso es de mucha ayuda. Eso nos ayuda a ver la luz. Miren.
Apague las tres velas lentamente, como si lo estuviera haciendo por primera vez. De tiempo para que puedan interpretar lo que está haciendo. Enfatice sus palabras.	Ahora ha cambiado, y la luz que antes estaba en un solo lugar, se está dispersando. Está haciéndose más invisible mientras se dispersa. Muy pronto llenará todo el cuarto.

Jugar Junto a Dios

MOVIMIENTOS

DIÁLOGO

Aquí está la luz de la Sagrada Familia. Es fácil verla cuando está reunida en un solo lugar. Ahora miren; voy a cambiar la luz. Observen. Se esta esparciendo. ¿Pueden ver figuras en el humo? Miren como cambia. Miren. Se está dispersando por todo el salón. Solo porque sea difícil verla, no significa que no esté allí.

Y aquí está de nuevo la luz de los pastores y la de la Madre María. Voy a cambiar la luz. ¿Ven como está en un solo lugar? Ahora puede ir a todos los rincones. Miren. Está llenando todo el salón con los pastores y mezclándose con la de la Sagrada Familia y los profetas. Adonde quiera que ustedes vayan hoy en este salón, allí estarán.

Disfrute el momento y luego comience a guardar los materiales de la lección. No hay preguntas al final de esta lección.

Ahora observen cuidadosamente a dónde llevo este material, para que siempre sepan dónde encontrarlo, si quieren trabajar con él.

Lleve el modelo de la ciudad de Belén a su estante primero. Guarde la tarjeta y el fieltro en el porta—tarjetas o en la bandeja, y regréselo a su estante. Regrese las figuras de la natividad a los estantes centrales. Por último, guarde la bandeja de las velas, asegurándose que la cera se ha enfriado, así no se derramará en la bandeja forrada de paño. Asegúrese que los cerillos están bien guardados en su recipiente.

Cuando todo ha sido guardado, regrese al círculo y ayude a los niños a tomar decisiones acerca de qué trabajo harán a continuación.

LECCIÓN 4
ADVIENTO IV

NOTAS DE LA LECCIÓN
ENFOQUE: LOS HOMBRES SABIOS Y LA NAVIDAD
- ACCIÓN LITÚRGICA
- PRESENTACIÓN CENTRAL

EL MATERIAL
- LOCALIZACIÓN: ESTANTES CENTRALES Y ESTANTES DE NAVIDAD
- PIEZAS: TARJETAS DE ADVIENTO EN UN PORTA-TARJETAS O UNA BANDEJA; 4 VELAS DE ADVIENTO EN UNA CAJA, CERILLOS EN UNA CAJA DE METAL Y UN APAGAVELAS, TODO SOBRE UNA BANDEJA; FIELTRO O PAÑO PÚRPURA O AZUL; MODELO DE BELÉN; OPCIONAL: CANDELERO
- BASE: PÚRPURA (O AZUL) Y BLANCO

ANTECEDENTES

Esta lección ayuda a los niños a continuar su preparación para el Misterio de la Navidad. Nos movemos hacia Belén, guiados por las señales de los profetas, con la Sagrada Familia, los pastores y los Reyes Magos. Llegamos para el nacimiento de Jesús y la iluminación de la Vela de Cristo en la iglesia. La presentación de esta semana se enfoca en los hombres sabios y la celebración de la Navidad.

Usted comienza la lección de esta semana presentando la primera, la segunda y la tercera de las cuatro tarjetas de Adviento y narra las historias que se encuentran en la Lección 1 (páginas 27 a 33), la Lección 2 (páginas 34 a 39) y la Lección 3 (páginas 40 a 44).

Entonces, usted sumará:
- la cuarta y última tarjeta de Adviento, narrando la historia de los hombres sabios, contenida en esta lección.
- la tarjeta de Navidad, contando la historia del nacimiento de Jesús, también contenida en esta lección.

NOTAS ESPECIALES

Encontrará los materiales para esta presentación, en los estantes de Navidad y en el estante central. Para una descripción completa de estos materiales, vea las Notas Sobre el Material en la Lección 1, página 27.

En adición a los materiales descritos en la Lección 1, usted también necesitará la Vela de Cristo, la cual podrá encontrar a la izquierda de la Sagrada Familia en el estante superior de los estantes centrales. Esta vela también será utilizada después de Navidad, cuando narre la historia del bautismo.

NOTAS ESPECIALES

Manejo del Salón de Clases: Usualmente los niños no concurren a la escuela de la Iglesia en la víspera de Navidad o el Día de Navidad mismo. Por lo tanto, le sugerimos que complete la preparación de los niños para el Misterio de la Navidad, exponiendo la quinta tarjeta también, la tarjeta blanca de Navidad que deberá colocar en la sección blanca final de la base de fieltro blanca y púrpura (o blanca y azul).

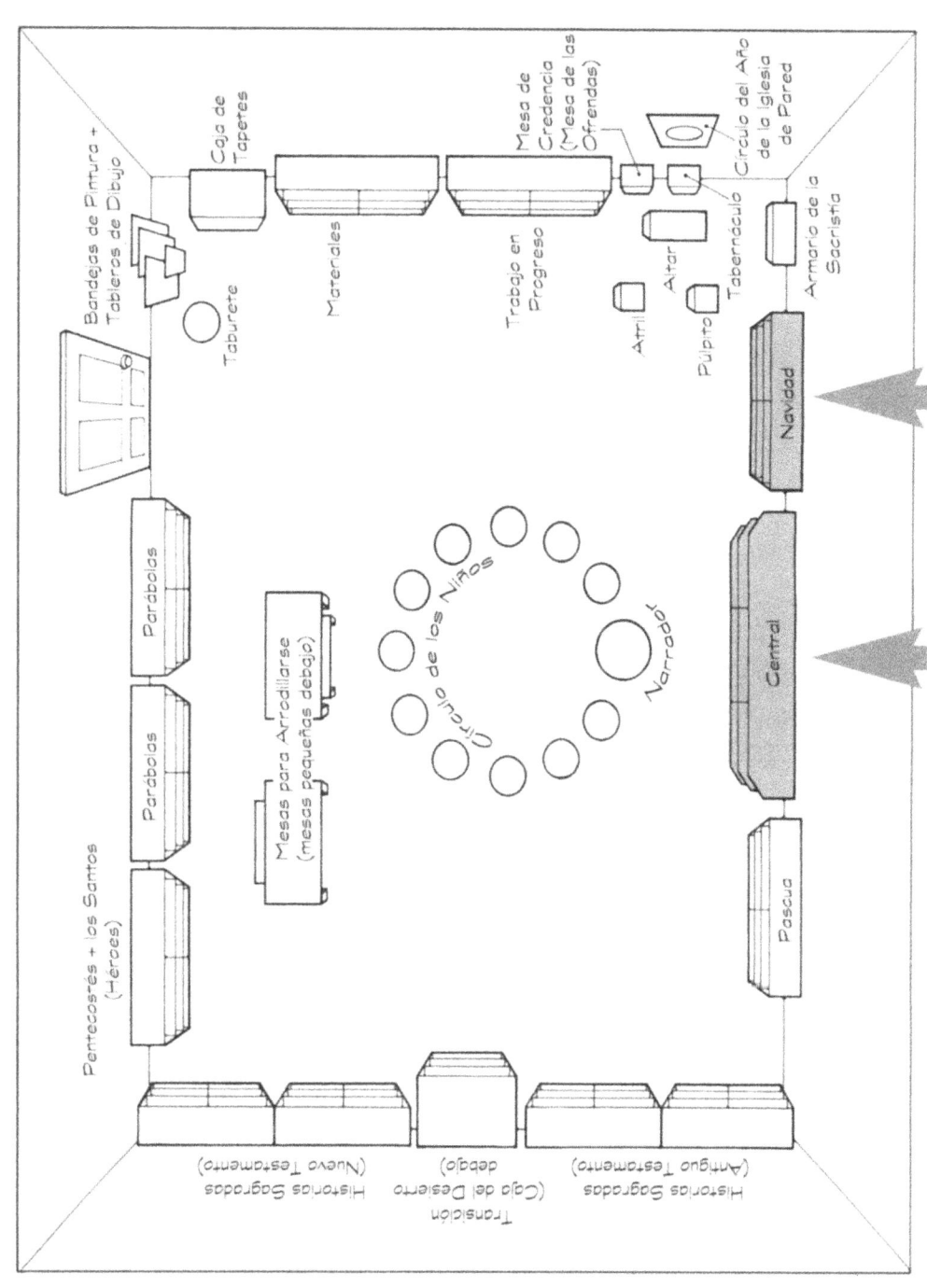

DONDE ENCONTRAR LOS MATERIALES

MOVIMIENTOS

Cuando los niños estén preparados, vaya hacia los estantes de Navidad y saque los materiales que necesita, como se describe en la Lección 1, Adviento I (página 30).

Coloque la primera tarjeta de Adviento y cuente sobre los profetas (páginas 30 a 32). No minimice ni apresure la historia. Termine con las palabras: "Algo increíble va a pasar en Belén."

Coloque la segunda tarjeta de Adviento y cuente sobre la Sagrada Familia (páginas 37 a 38). No minimice ni apresure la historia. Termine con las palabras: "Ellos debieron ser las últimas personas que venían por el camino hacia Belén esa noche."

Coloque la tercera tarjeta de Adviento y cuente sobre los pastores (páginas 42 a 43). No minimice ni apresure la historia. Termine con las palabras: "Corran a Belén para ver al niño que habrá de cambiar todo".

Cuando haya terminado, desenrolle el fieltro de base para descubrir la siguiente sección. Coloque la cuarta tarjeta de Adviento, a la izquierda de la tercera tarjeta. La cuarta tarjeta muestra cuatro velas y una imagen de tres coronas, las cuales también se pueden ver como los tres regalos.

DIALOGO

- Miren atentamente hacia adonde voy así siempre sabrán dónde encontrar los materiales para esta lección.

- Esta es la tarjeta de los hombres sabios.

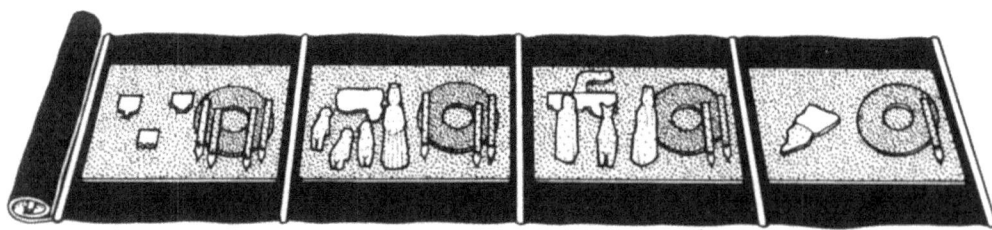

LAS CUATRO TARJETAS DE ADVIENTO (PERSPECTIVA DEL NARRADOR)

MOVIMIENTOS

Gire hacia los estantes centrales que están detrás de usted. Tome a los hombres sabios, y colóquelos sobre la cuarta tarjeta de Adviento, cercano a usted.

Mientras habla sobre las estrellas, mire hacia arriba y luego a sus manos como si tuviera allí un libro y señale al cielo, marcando el lugar apropiado de las estrellas.

Coloque las cuatro velas, una por una, entre usted y el fieltro de base con las tarjetas.

Ahora, encienda las velas.

Siéntese y disfrute la luz. Después, en lugar de apagar las velas, desenrolle el quinto y último segmento del fieltro de base, el cual es blanco.

Mueva sus manos sobre el blanco.

Baje la tarjeta blanca de Navidad. Luego, lentamente, gire hacia los estantes centrales que están detrás de usted. Tome al bebé del pesebre y colóquelo en el medio de la tarjeta blanca.

DIÁLOGO

En el cuarto domingo de Adviento recordamos a los tres reyes, los Magos, los hombres sabios. Ellos venían desde el lejano oriente y eran tan sabios que la gente creía que eran magos. De hecho, la palabra "magia" deriva de la palabra con la que ellos eran llamados en su propio lenguaje, los "magi".

De todas las cosas sobre las que sabían, sabían más sobre las estrellas. Ellos sabían dónde tenía que estar cada estrella en cada época del año, y podían decirle a la gente cuando era el momento correcto para plantar sus cosechas, o hacer un viaje en barco por el océano, o cuando cruzar los pasos de las montañas para que la nieve no los estuviera bloqueando.

De pronto, vieron una estrella que nunca antes habían visto. Esta no estaba en ninguno de sus mapas de estrellas. Esta estrella iba hacia donde quería ir. No se quedaba en un solo lugar. Así, ellos decidieron seguirla para ver hacia adonde se dirigía y qué quería mostrarles.

Siguieron a la estrella todo el camino a Belén, pero venían desde tan lejos, que llegaron allí después que el bebé había nacido. Al parecer, ellos siempre llegan tarde. Todos los años llegan tarde. Usualmente no llegan hasta el 6 de Enero, pero, de cualquier manera, los recordamos, porque como nosotros, ellos también están en camino hacia Belén.

Aquí está la vela de los profetas. Esta es la vela de la Sagrada Familia. Esta es la vela de los pastores. Y aquí esta la vela de los hombres sabios

Disfrutemos de la luz.

¡Miren! Cuando se acercan al misterio de la Navidad, todo cambia. Se transforma en el color de la celebración pura.

Esto es para el nacimiento del bebé, el elegido que hemos estado esperando.

Aquí esta el Niño Jesús, el misterio de la Navidad. Esto es asombroso, pero de todas las criaturas que estaban allí esa noche, tal vez la más sorprendida fue la vieja vaca.

Jugar Junto a Dios

MOVIMIENTOS

Lentamente gire hacia los estantes centrales y tome la vaca. Colóquela junto al pesebre.

Siéntese por un momento. Mire todos los materiales que están frente a los niños. Mire alrededor de los niños. Toque algunos de los materiales de la lección que están allí. Luego diga:

Espere. Los niños probablemente descubrirán pronto que la tarjeta blanca necesita también una tarjeta. Esta es la Vela de Cristo, que se encuentra a la izquierda del material de la Sagrada Familia, en el estante superior de los estantes centrales.

Coloque esta vela en la misma línea con las cuatro velas de Adviento.

Encienda la Vela de Cristo. Siéntese y disfrute la luz. El portero puede apagar las luces del salón de clases así los niños pueden ver mejor el resplandor de las velas.

DIÁLOGO

Cuando la vieja vaca llegó a su pesebre en la mañana para comer un poco de paja, se encontró con que estaba ocupado por un bebé. Alguien había puesto un suave cobertor sobre la paja. El pesebre se había transformado en una cama. Lo único que la vieja vaca pudo hacer fue mirar y mirar al bebé, con sus enormes ojos marrones.

Esperen. ¡Algo nos falta! ¿Me pregunto que podrá ser?

Esta es la Vela de Cristo. Ahora disfrutemos también de su luz.

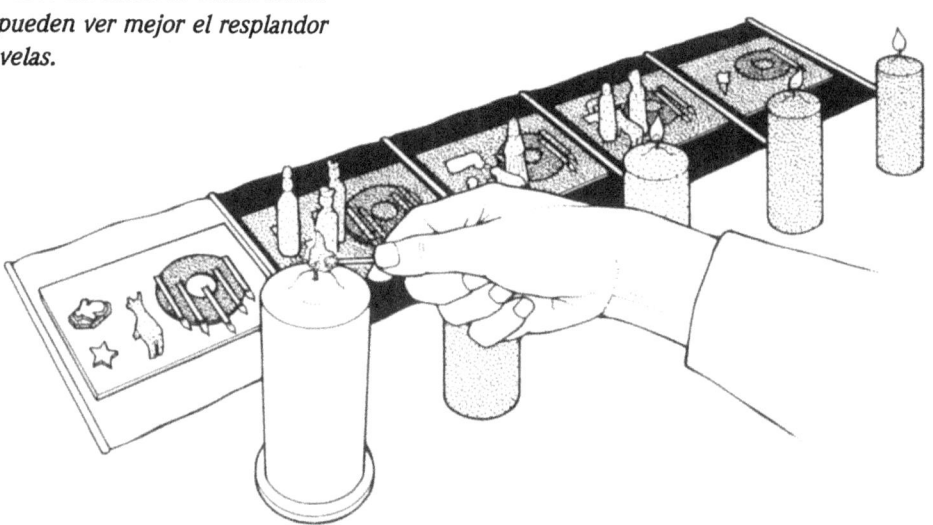

ENCENDIENDO LA VELA DE CRISTO

MOVIMIENTOS	**DIÁLOGO**
Si ha apagado las luces, el portero deberá encenderlas ahora. Saque el apagavelas de la bandeja de velas.	Ahora miren. Voy a cambiar la luz.
Apague todas las velas lentamente.	Ahora, voy a cambiar la luz de la vela de Cristo. Observen. También se está dispersando para llenar todo el salón. Mientras se dispersa, se vuelve más y más tenue, hasta que no la podemos ver. Pero aún pueden sentir la luz de la Navidad. Está llenando todo el salón con los profetas, las Sagradas Familias, los pastores y los tres reyes. Adonde quiera que vayan, se acercan a ellos.
Disfrute el momento y luego comience a guardar los materiales de la lección. No hay preguntas al final de esta lección.	Ahora observen cuidadosamente a dónde llevo este material, para que siempre sepan dónde encontrarlo, si quieren trabajar con él.
Lleve el modelo de la ciudad de Belén a su estante primero. Guarde la tarjeta y el fieltro en el porta—tarjetas o en la bandeja, y regréselo a su estante. Regrese las figuras de la natividad a los estantes centrales. Por último, guarde la bandeja de las velas, asegurándose que la cera se ha enfriado, así no se derramará en la bandeja forrada en paño. Asegúrese que los cerillos están bien guardados en su recipiente.	
Cuando todo ha sido guardado, regrese al círculo y ayude a los niños a tomar decisiones acerca de qué trabajo harán a continuación.	

LECCIÓN DE ENRIQUECIMIENTO
UNA LITÚRGIA DE LOS NIÑOS PARA LA VÍSPERA DE NAVIDAD

NOTAS DE LA LECCIÓN

ENFOQUE: LA HISTORIA DE LA NATIVIDAD COMO LITURGIA
- ACCIÓN LITÚRGICA
- PRESENTACIÓN DE ENRIQUECIMIENTO

EL MATERIAL
- LOCALIZACIÓN: DONDEQUIERA QUE SU PARROQUIA PRESENTE SU PESEBRE NAVIDEÑO
- PIEZAS: FIGURAS DEL PESEBRE DE LA PARROQUIA (ESTABLO, MARÍA, JOSÉ, ANIMALES, ETC.)
- BASE: NINGUNA

ANTECEDENTES

Esta presentación puede ser utilizada como un sermón antes o durante la liturgia principal de la Víspera de Navidad, o como un servicio breve y aparte solo para los niños. Un narrador cuenta la historia, la cual es puntualizada por muchos himnos navideños conocidos. Durante estos himnos, los niños de cuarto y quinto grado traen las figuras del pesebre desde la parte de atrás de la Iglesia hasta el santuario. Al final de la historia, todos los niños vienen adelante—con sus padres, si es necesario—a colocar estrellas alrededor y en las figuras del pesebre navideño mientras todos cantan "Noche de paz".

En la liturgia principal, mientras la gente viene hacia adelante para la Santa Comunión, deberán pasar junto a esta escena decorada con estrellas.

NOTAS SOBRE EL MATERIAL

La mayoría de las parroquias tienen un pesebre grande que es visible para la congregación. Este material puede ser utilizado en esta liturgia, o grupos de adultos y niños pueden hacer las figuras del pesebre de papel maché u otro material apropiado para modelar figuras a gran escala.

NOTAS ESPECIALES

Consejo Práctico: Asegúrese de planificar con tiempo de sobra si es que desea que su Iglesia incluya esta liturgia en su celebración de Navidad. Siéntase libre de adaptar la historia, música o acciones a las necesidades de su congregación.

MOVIMIENTOS

Colóquese donde pueda ser oído por toda la congregación, tal vez en el púlpito o en el atril desde donde se leen las lecciones. Un pesebre ya debe estar colocado en el santuario. Los niños mayores, que traerán hacia adelante las figuras, deberán esperan con las figuras en la parte de atrás de la Iglesia cuando usted comience.

DIÁLOGO

Esta noche no es como cualquier otra noche. Es un tiempo para soñar y para cantar nuestro camino hacia Belén. Los niños nos mostrarán el camino.

El pequeño pueblo que buscamos se asienta en el país de las colinas a unas diez millas al sur de Jerusalén. Por cientos de años las casas se han reunido allí en la cima de una colina como una familia compartiendo el pan. "Belén" significa "Casa del Pan."

En el centro del poblado hay una pequeña posada. En esta noche está saturada de personas que buscan un lugar para dormir y comer. Detrás de la posada, hay un oscuro establo. Un burro gris mastica su cebada y su paja mientras una vaca cansada yace descansando después de arar todo el día en el valle. Una oveja cercana está casi dormida.

Todo está quieto y silencioso en el pequeño pueblo.

Los niños mayores traen ahora al burro, la vaca y el cordero mientras toda la gente canta el verso uno de "Oh pueblecito de Belén."

Después del himno, reasuma la narración de la historia.

Así como cae la noche, los dos últimos viajeros vienen subiendo por el camino lentamente. Miren, es una joven mujer que esta por ser madre. Ella va caminando junto a su esposo. ¡Son José y María de Nazaret! Ellos han caminado por seis días para llegar a esta ciudad donde nació el Rey David, hace ya mucho tiempo.

Ellos vienen, como muchos otros, porque el Emperador Romano quiere un censo de todos los pobladores, para luego tomar su dinero en forma de impuestos.

Pero es tarde, y María está muy cansada. ¿Dónde podrán dormir? No hay habitaciones disponibles en la posada. Entonces, deciden dormir con los animales en el establo.

Los niños mayores traen ahora hacia adelante a María y José mientras toda la gente canta el primer verso del himno "Allá en el pesebre."

Después del himno, reasuma la narración de la historia.

Las estrellas brillan lentamente en el cielo. Es como si toda la creación contuviera la respiración. ¡De pronto, desde el establo se escucha el llanto de un bebé recién nacido! María envuelve al bebé con cariño en una manta y lo deja sobre el pesebre que su padre ha llenado con paja para que sirva de cuna.

Jugar Junto a Dios

MOVIMIENTOS

DIÁLOGO

Uno o algunos de los niños traen ahora hacia adelante al niño Jesús mientras toda la gente canta el primer verso del himno "Duérmete, niño lindo."

Después del himno, reasuma la narración de la historia.

En las colinas a las afueras de Belén, los pastores cuidan a sus sombríos corderos. En un momento, la oscuridad se transforma en luz, y en el medio de la luz hay algo aún más brillante: las caras de los ángeles.

Los asustados pastores comienzan a escuchar música que viene desde el cielo, y una voz dice claramente, "No tengan miedo. Escuchen, les traigo buenas nuevas de gran alegría, una alegría para ser compartida con todas las personas. ¡Hoy en la Ciudad de David ha nacido el Salvador! El es Cristo, el Señor."

Luego, aparecen más ángeles, una embajada celestial completa alabando a Dios y cantando: "Gloria a Dios en las Alturas, y paz en la tierra a todos los hombres de buena voluntad."

Los pastores corrieron con alegría a través de los campos hacia Belén, hacia el pesebre detrás de la posada. Allí encontraron a la Sagrada Familia, y se acercaron sigilosamente, abrumados por el misterio, para encontrar la Natividad en sí misma en el centro de todo ese amor.

Los niños mayores traen ahora hacia adelante a los pastores y al ángel mientras todos cantan el primer verso del himno "Venid fieles todos."

Después del himno, reasuma la narración de la historia.

Tres camellos vienen subiendo a paso lento el camino hacia Belén. Ellos vienen desde el Lejano Oriente, más allá del Desierto de Arabia, tal vez desde tan lejos como el mar Caspio. Los camellos cargan a tres reyes, los más sabios, los Magos. Ellos están siguiendo a una estrella, que nunca han visto antes en los cielos, y la están siguiendo, dondequiera que ella los guíe, para encontrar el Rey que su brillo les muestre.

Los niños mayores traen ahora hacia adelante a los tres Reyes mientras toda la gente canta el verso primero del himno "Del oriente venimos tres."

Después del himno, reasuma la narración de la historia.

El viaje de los reyes termina en un nuevo tipo de Rey. Su espíritu inquieto al fin descansa. Se arrodillan frente a él y le dan sus regalos; oro brillante, dulce incienso y amarga mirra, traídos desde tan lejos con tanto amor.

MOVIMIENTOS

DIÁLOGO

Entonces ahora, todos nosotros venimos siguiendo la estrella, para encontrar a Dios con nosotros, Venimos, como lo han hecho todos a través de todas la edades, para traer nuestros regalos a este Niño, el regalo de Dios para nosotros.

Adelántense. Traigan sus estrellas de regalo y a ustedes mismos, para colocarlos alrededor del pesebre. Muéstrennos el camino al Misterio de la Navidad, mientras cantamos, por esta noche santa y llena de pletórico silencio.

Todos los niños, algunos acompañados por sus padres, se adelantan para colocar estrellas en y alrededor del establo, mientras toda la gente canta el verso uno del himno "Noche de paz."

LECCIÓN DE ENRIQUECIMIENTO
EL MISTERIO DE LA NAVIDAD

NOTAS DE LA LECCIÓN
ENFOQUE: LA ENCARNACIÓN
- ACCIÓN LITÚRGICA
- PRESENTACIÓN DE ENRIQUECIMIENTO

EL MATERIAL
- LOCALIZACIÓN: ESTANTES DE NAVIDAD
- PIEZAS: ILUSTRACIONES (MONTADAS SOBRE ESPUMA PLÁSTICA O MADERA) DE LA ANUNCIACIÓN, LA VISITA, LA NATIVIDAD, PRESENTACIÓN EN EL TEMPLO, LA ADORACIÓN DE LOS MAGOS, LA MASACRE DE LOS INOCENTES Y EL VIAJE A EGIPTO; ETIQUETAS PARA CADA ILUSTRACIÓN, TAMBIÉN MONTADAS EN ESPUMA PLÁSTICA O MADERA; PEDAZOS ADICIONALES DE ESPUMA O MADERA EN LOS CUALES USTED HA PEGADO RECORTES CON LOS TEXTOS DE LOS RELATOS BÍBLICOS.
- BASE: BLANCA

ANTECEDENTES
Esta lección de enriquecimiento puede ser presentada en cualquier Domingo antes o después de Navidad, como el tiempo lo permita. La presentación está basada en el libro The Glorious Impossible de Madeleine L'Engle (New York: Simon & Schuster, 1990). La Sra. L'Engle nos regala un comentario poético sobre siete momentos clásicos de las narraciones de la infancia en Mateo y Lucas. Se utilizan los frescos Medioevales de Giotto, en lugar de modelos o ilustraciones realistas y modernas para honrar el profundo misterio de la Encarnación sin la pérdida de su hecho histórico.

NOTAS SOBRE EL MATERIAL
Encuentre los materiales para esta presentación en el estante superior de los estantes de Navidad, colocados a la izquierda de los estantes centrales. Encontrará el material a la derecha de la ubicación de las tarjetas de Adviento en el estante superior.

Este material puede ser hecho por el narrador u otro miembro de la iglesia. Primero compre *dos* copias del libro *The Glorious Impossible*. Un libro será recortado para proveer las ilustraciones. El otro libro es utilizado como control y para que los niños puedan leer los textos de Madeleine L'Engle junto con las ilustraciones. **Nota:** es una violación de la ley de derechos de autor hacer copias de las ilustraciones o de los textos del libro *The Glorious Impossible*. (Puede utilizar las porciones remanentes del libro recortado para hacer materiales de exposición adicionales si lo desea.)

El material es una caja dorada con la ilustración de la Madonna y el niño pegada a la tapa de la misma. (Usted puede encontrar esta ilustración en el final del papel dentro de la contra tapa del libro *The Glorious Impossible*.) Pegue la ilustración de Cristo el Maestro en la parte inferior de la caja. (Usted puede encontrar esta ilustración en el final del papel dentro de la tapa del libro *The Glorious Impossible*.) Dentro de la caja colocará placas hechas de espuma plástica o madera. Pegue cada una de las siguientes ilustraciones del libro The *Glorious Impossible* a una placa por separado: la Anunciación, la Visita, la Natividad, la Adoración de los Magos, la Presentación en el Templo, la Masacre de los Inocentes, y el Viaje a Egipto. En la parte posterior de cada placa, ponga puntos como recordatorio del orden correcto en el cual va a mostrar las ilustraciones: un punto para la Anunciación, dos puntos para la Visita, y así en más, terminando con siete puntos en la parte de atrás de la ilustración del Viaje a Egipto.

En placas separadas y más pequeñas, pegue una etiqueta que nombre a cada ilustración. En un tercer juego de placas, pegue los textos bíblicos relacionados.

NOTAS ESPECIALES

Manejo del Salón de Clases: Encontrar tiempo para esta lección puede ser dificultoso. Algunos narradores pueden preferir utilizarla durante la estación de Adviento. Algunos la utilizan en la fiesta de Cristo el Rey, el último domingo antes de Adviento; otros la brindan después de Navidad.

Mientras cuenta la historia, usted sostendrá la ilustración y la dará vuelta así todos podrán verla mientras habla sobre ella. No es funcional dejar que los niños pasen las ilustraciones de uno a otro alrededor del círculo. Algunos niños se toman más tiempo con ella, dominando el círculo y su atención, mientras que a otros se les hará difícil esperarlas. En lugar de esto entonces, muestre usted mismo cada una de las ilustraciones colocando las placas en orden enfrente sobre el tapete de base al terminar de hablar sobre ella.

Jugando con la Historia: Esta presentación, toma ventaja de muchas aproximaciones para aprender a hablar "Cristiano". Estos movimientos están basados en prácticas clásicas de Montessori y también pueden ser utilizadas con otras historias:
- Los que no pueden leer o aquellos que todavía no manejan el alfabeto numérico pueden tratar, individualmente o en grupos, narrar la historia utilizando las ilustraciones, dejándolas sobre el tapete de base. Cuando la historia termina, los niños pueden darles vuelta, y contar los números en el reverso para ver si lo hicieron en el orden correcto. El orden en las historias es importante.

- Ambos, lectores y aquellos que no pueden leer, pueden "etiquetar" las ilustraciones. Esto se hace a través de la lección clásica de tres períodos de Montessori. Primero, usted lee la etiqueta en voz alta, luego señala la ilustración correcta y/o coloca la etiqueta junto a ella. Segundo, usted lee la etiqueta en voz alta o muestra la etiqueta y deja que los niños le digan a que ilustración se refiere. Tercero, los niños cuentan la historia y señalan la ilustración y/o colocan a su lado la etiqueta.
- Lectores más experimentados pueden leer directamente del libro *The Glorious Impossible.* Después de escuchar la historia como fue escrita por L'Engle, los niños identifican esa narración de la historia con el nombre clásico del evento que narra la misma y su ilustración correspondiente.
- Recuerde que ese libro tiene muchos usos más que solo la narración acerca de la Encarnación. Contiene la historia completa del Pueblo Cristiano. Usted puede utilizar esta aproximación para crear sus propias lecciones.
- Esta lección también incluye los textos bíblicos que son oídos y cantados en la Iglesia alrededor de la celebración de la Encarnación. Lectores y no lectores se verán atraídos a utilizarlos. Aplique los principio marcados más arriba para manejarlos.
- Note que en salones de clases con niños en diferentes grados, los que leen y aquel los que todavía no, pueden disfrutar juntos de este "inter—juego" de palabras y símbolos.

MOVIMIENTOS	DIÁLOGO
Vaya hacia los estantes y tome la caja dorada. Tráigala al círculo y colóquela en el medio del mismo.	Miren atentamente adonde voy, así siempre sabrán donde está esta lección.
Coloque la caja a su lado.	Esto es como una parábola, pero es más grande que una parábola, es la parábola más grande de todas, el imposible maravilloso. Nos enseña sobre la Encarnación, de como Dios se transformó en un bebé.
	Hoy quiero contarles toda la historia. Partes de la historia de la Navidad no se cuentan muy a menudo, pero necesitan ser contadas, hasta las partes tristes de la misma. ¡Hasta hay dos nacimientos en la historia completa! Una es el nacimiento de Jesús, y el otro es el nacimiento de su primo, Juan, a quien más tarde conoceremos como Juan el Bautista.
Despliegue el tapete de base blanco. Cuidadosamente destape la caja y tome la primera ilustración: la Anunciación.	Miren. ¿Pueden ver que le está sucediendo a la madre María? Esta es la Anunciación. El ángel Gabriel le está anunciando a María que Dios la ha elegido para ser la madre de Dios.
	¿Pueden ver a María? ¿Y al ángel? Ellos tienen los mismos colores pero el ángel tiene alas.
	María estaba asustada, pero feliz. Ella estaba atónita, pero bendita.
Coloque la tarjeta de la Anunciación enfrente de usted hacia su derecha, dejando espacio para colocar las otras siete siguientes en el mismo lugar sobre el tapete de base blanco. Luego sostenga la tarjeta de la Visita.	María era una mujer con suerte, porque tenía una amiga mayor que ella para hablar. Su nombre era Elisabet y también era su prima. Así que fue a visitarla. Elisabet era mayor que María, tal vez lo suficientemente mayor como para ser la madre de María. Cuando María se acercó a saludar a Elisabet, algo maravilloso sucedió.
	Elisabet sintió al bebé que tenía dentro de ella moverse cuando éste escuchó la voz de María. Ella dijo algo como esto, "Bendita tu eres entre todas las mujeres, y bendito es el niño que vas a tener. Cuando tú hablaste, el bebé que está dentro de mí, saltó de alegría. Algo maravilloso va a ocurrir con tú bebé, y con el mío también."
	Cuando Elisabet dijo eso, María comenzó a cantar una canción que la gente llama "el Magnificat" porque comienza diciendo: "Alaba mi alma al Señor."
Señale los halos alrededor de María y Elisabet.	Miren los halos. Esos son los círculos dorados de luz que se ven alrededor de algunas personas. Ellos son los santos. Los artistas utilizaban verdadero oro en su pintura u oro molido muy fino para hacer estos halos. En esta pintura, las únicas con halos son María y Elisabet.

MOVIMIENTOS

Coloque la tarjeta de la Visita a la izquierda de la tarjeta de la Anunciación y termine de narrar la historia de Elisabet y María.

DIÁLOGO

Vean como es María. Miren cuan mayor luce Elizabet a su lado. El artista quería recordarnos que Elisabet era demasiado mayor para tener un bebé, y también tan mayor como para ser realmente sabia y una buena amiga para María.

Esperen. Dejen que termine la historia. Esta es la parte de la historia que la gente mayormente deja de lado, porque no hay una ilustración para ella. Es acerca del otro bebé que nació.

El esposo de Elisabet, Zacarías, era un sacerdote. Era su hora de trabajar en el Templo, así que fue dentro del mismo a quemar incienso y orar.

Mientras Zacarías estaba en el altar, miró por encima de su hombro derecho, y allí vio una luz brillante. "No temas," le dijo el ángel. Los ángeles son mensajeros de Dios, y muchas veces nos asustan. Pero el ángel dijo, "No temas. Te traigo buenas noticias. Elisabet y tú van a tener un hijo."

"Pero nosotros somos ya muy viejos," dijo Zacarías, y esa fue la ultima cosa que dijo. El ángel no dejó que hablará más, lo dejó mudo. No es una buena idea discutir con un ángel. Entonces, el ángel le dijo a Zacarías como tendría que llamarse el bebé y desapareció.

María se quedo tres meses con Elisabet y luego regresó a su casa en Nazaret. Elisabet tuvo a su bebé. Sus amigos vinieron a ayudarle. Cuando el niño nació, todos querían ponerle el nombre de su padre, "Zacarías."

Zacarías negó con su cabeza, "No", y luego escribió, porque todavía no podía hablar, "el nombre del niño será Juan". Y recién ahí, pudo comenzar a hablar otra vez. Fue allí cuando el dijo su plegaria. Es llamada "Bendito" porque es una oración en poema o canción que comienza con: "Bendito el señor Dios de Israel." ¡El se sentía tan feliz!

Tome la tercera tarjeta: la Natividad. Muéstrela mientras habla de ella.

Luego, nació el bebé de María. Es por eso que se llama "La Natividad", que significa "el nacimiento." Vean como la madre María está recostada. Ella está despierta y feliz, pero José se ha quedado dormido. El bebé está envuelto en tiras de paño. Estas tiras son los pañales o paños sobre los que escucharon en la historia.

Miren a todos los ángeles. Ellos lucen tan felices, vuelan por todo el lugar y cantan el "Gloria a Dios." Ustedes deben haber oído esta canción en la iglesia. Comienza diciendo, "Gloria a Dios en las alturas, y en la tierra paz, buena voluntad para con los hombres."

MOVIMIENTOS	**DIÁLOGO**
	Cuando dicen "hombres" quieren decir con todas las personas, hombres y mujeres.
Coloque la tarjeta de la Natividad a la izquierda de las dos primeras tarjetas. Saque la cuarta tarjeta: la Presentación.	Esta es otra parte de la historia que a menudo se deja de lado. Es llamada la Presentación. Después de un tiempo, María y José llevaron a su pequeño bebé recién nacido al templo de Jerusalén. Era una costumbre presentar allí a un niño recién nacido, para darle su nombre y consagrarlo a Dios.
	Cuando María y José llevaron al niño al Templo para consagrarlo a Dios, un hombre anciano llamado Simeón se acercó y miró al niño. Tomó al bebé en sus brazos y dijo, "Ahora puedo morir en paz." ¿De qué estaba hablando?
	Cuando Simeón era joven, Dios le dijo que el no moriría hasta ver al Elegido que estaba por venir y que cambiaría todo. Ese día Simeón supo que Jesús era esa persona al que él había estado esperando.
	Luego Ana se levantó y miró al bebé. Ella también vio que ese niño era el Elegido. Dio gracias a Dios y dijo a todos en el Templo que había ocurrido.
	Simeón sostiene al bebé. María aún sostiene sus brazos. José carga dos aves que trajo para brindarlas al templo. Era una costumbre en esos días.
	Aquí está la anciana Ana. Ella adoraba estar en el Templo el mayor tiempo que pudiera. No sé por qué ella no tiene un halo. Miren su ropa. Primero, luce marrón y viejo, pero si miran atentamente, verán que parece hecho de oro.
	Cuando el anciano Simeón sostiene al bebé, el dice una plegaria que nosotros recordamos y algunas veces cantamos. Comienza diciendo, "Ahora, Señor, despides a tu siervo en paz."
Coloque la tarjeta de la Presentación a la izquierda de las tres primeras tarjetas. Saque la quinta tarjeta: La Adoración de los Magos.	Los tres reyes, los Magos, los hombres sabios, finalmente llegaron. Estaban atrasados. ¡Todos los años se atrasan! Ellos están adorando al niño. Eso significa que están allí parados y miran al bebé disfrutándolo. También trajeron regalos para el recién nacido.
	¡Miren la estrella! Esta es la estrella que ellos han venido siguiendo.

MOVIMIENTOS	**DIÁLOGO**
	El artista no sabía demasiado sobre camellos. Solo sabía que tenían cuellos largos, una joroba y patas largas, pero miren sus caras. Lucen más como monos que como camellos, miren sus orejas largas. Eso no importa. Nosotros aún sabemos que estaba tratando de pintar.
Coloque la tarjeta de la Adoración de los Magos a la izquierda de las primeras cuatro tarjetas. Saque la siguiente tarjeta: La Masacre de los Inocentes, pero todavía no la de vuelta para que los niños la vean. Por los terribles eventos que muestra esta tarjeta, necesita una introducción.	Esta es una parte de la historia que a menudo también no se cuenta. Es muy triste. Es llamada La Masacre de los Inocentes. Los tres reyes siguieron a la estrella hacia las tierras donde Jesús iba a nacer. Cuando llegaron a esas tierras, fueron a ver al rey, al Rey Herodes en Jerusalén. Cuando el Rey escuchó que ellos estaban buscando a un niño rey, se interesó mucho. El no quería que ese bebé creciera. Herodes quería ser el único rey en esas tierras. "Vengan y díganme cuando encuentren a ese rey" le dijo Herodes a los Magos. "Quisiera ir y adorarle". Por supuesto no decía la verdad. El quería matar al nuevo pequeño rey. Los tres reyes, los hombres sabios, no le dijeron a Herodes. Regresaron a casa por otro camino. Ellos realmente eran muy sabios. Pero Herodes no olvidó. El le preguntó a sus escribas que consultaran en las escrituras y averiguaran donde decía que iba a nacer el pequeño rey. Ellos le dijeron a Herodes que el lugar sería Belén. Herodes entonces envió a sus soldados allí, y ellos mataron a todos los niños que pudieron encontrar que tuvieran dos años de edad o menos.
Ahora de vuelta a la tarjeta y sosténgala para que los niños puedan verla.	Fue una cosa terrible. Los padres y las madres estaban muy tristes. Pueden ver que muchos niños ya fueron matados. Los soldados se los quitaban a las madres. Nadie luce feliz en la pintura, ni siquiera Herodes.
Trace el largo de los ojos de las madres con su dedo.	Miren los ojos de las madres. El artista trató de hacerlos lucir muy, pero muy tristes. Vean cuan largos y estrechos se ven.
Ponga la tarjeta de la Masacre de los Inocentes junto a las primeras cinco tarjetas. Tome la séptima tarjeta: el Escape a Egipto.	¿Suponen que la historia se terminó allí, no es así? No. El bebé Jesús no murió en Belén. Un ángel vino a José en un sueño antes que los soldados llegaran. El ángel le dijo a José que llevara a su pequeña familia a otro país. Ellos se fueron muy lejos a la tierra de Egipto. María y el bebé cabalgaron sobre el burro, y José inició la marcha.

MOVIMIENTOS

Coloque la tarjeta del Escape a Egipto a la izquierda de las primeras seis tarjetas. Siéntese y mire la serie completa.

Muestre a los niños las muchas maneras en que las ilustraciones, los pasajes bíblicos y las etiquetas pueden ser usadas (vea Notas Especiales en la página 57.)

Cuando el inter—juego de etiquetas, pasajes de la Biblia e ilustraciones haya finalizado, siéntese y disfrute de toda la serie nuevamente.

Muestre a los niños la ilustración en la tapa de la caja, y luego la que está dentro en el fondo de la misma.

Nombre todo al colocarlos nuevamente en la caja. Tómese su tiempo. Cuando la caja esté cerrada, regrésela al estante desde donde la tomó. Luego ayude a los niños a elegir su trabajo para el día de hoy.

DIÁLOGO

Ahora disfrutemos de toda la historia.

Aquí está la madre María. Este es Dios el padre, José fue como un padre, pero el bebé era de Dios.

LECCIÓN 5
EPIFANÍA

NOTAS DE LA LECCIÓN
ENFOQUE: LOS REGALOS DE LOS HOMBRES SABIOS
- ACCIÓN LITÚRGICA
- PRESENTACIÓN CENTRAL

EL MATERIAL
- LOCALIZACIÓN: ESTANTES CENTRALES Y ESTANTES DE NAVIDAD
- PIEZAS: TARJETAS DE ADVIENTO EN UN PORTA-TARJETAS O UNA BANDEJA; 4 VELAS DE ADVIENTO EN UNA CAJA, CERILLOS EN UNA CAJA DE METAL Y UN APAGAVELAS, TODO SOBRE UNA BANDEJA; FIELTRO O PAÑO PÚRPURA O AZUL; JUEGO DE FIGURAS DE LA NATIVIDAD INCLUYENDO A MARÍA, JOSÉ, BURRO, PASTOR, CORDERO, HOMBRES SABIOS, NIÑO JESÚS, PESEBRE; INCIENSO MIRRA, MONEDAS DE CHOCOLATE CUBIERTAS DE ORO, PINZAS; MODELO DE BELÉN; OPCIONAL: CANDELERO
- BASE: PÚRPURA Y BLANCA

ANTECEDENTES

Epifanía es una palabra griega que significa "manifestación, revelación o aparición". La fecha para esta celebración es el 6 de Enero. Fue originalmente concerniente con la conmemoración del Bautismo de Cristo y más tarde se transformó asociándosela con los Magos, un énfasis de la Iglesia Latina Occidental. En el día de hoy es considerada como una manifestación del Cristo a los gentiles.

Usted comienza la lección de esta semana presentando las cuatro tarjetas de Adviento y la tarjeta de Navidad y narrando las historias que se encuentran en la Lección 1 (páginas 27-33), Lección 2 (páginas de 34-39), Lección 3 (páginas de 40-44) y Lección 4 (páginas 45-51).

NOTAS SOBRE EL MATERIAL

Usted encontrará los materiales para esta presentación en los estantes de Navidad y en los estantes centrales. El modelo de Belén se encuentra en el extremo izquierdo del estante superior de Navidad. En el medio del estante superior encontrará una bandeja o un porta—tarjetas con las tarjetas de Adviento. La caja de las velas, el recipiente con los cerilos, y el apagavelas están en una bandeja en el extremo izquierdo del segundo estante (debajo del modelo de Belén).

Un expositor especial o un porta—tarjetas para las tarjetas de Adviento las hacen más visibles para un niño que está explorando el salón. Este expositor para las tarjetas debería también llevar el fieltro de base enrollado. Si no utiliza este expositor, coloque el fieltro enrollado y las tarjetas en una bandeja. Podría revestir la bandeja con un fieltro o un paño de color púrpura o azul.

Hay cinco tarjetas o placas en madera, representando, en este orden:
- los profetas
- la Sagrada Familia
- los pastores
- los Reyes Magos
- el nacimiento de Jesús

Estas tarjetas o placas descansan sobre una tira de paño dividida en cinco secciones iguales, una sección para cada una de las cuatro semanas de Adviento, más una sección adicional para la fiesta de Navidad. Las cuatro primeras secciones de este paño son de color púrpura o azul (por Adviento); la quinta y última sección es blanca (por Navidad). Este paño es la base para Adviento; enróllelo de tal forma que el segmento blanco quede escondido en su interior. (Una ilustración de la base, con las cinco tarjetas y placas mostradas en orden, aparece en la página 68.)

Muchas Iglesias utilizan el azul como color para Adviento. En esta presentación, nos referiremos al color litúrgico púrpura, pero usted utilice el color que se utiliza en su Iglesia. En vez de referirse al púrpura como el color real, señale que el color azul es un buen color para prepararse, porque es el color asociado con María, la madre de Jesús. Sin la madre María, no hubiese habido un bebé.

También necesitaremos una caja para guardar las velas utilizadas en esta lección. En esta presentación, nos referiremos a una vela rosada y a tres de color púrpura, pero, de nuevo, siga la costumbre en colores de su Iglesia. Utilice velas con bases amplias por un tema de estabilidad (por ejemplo; velas votivas o de pila), o, si utiliza velas comunes, utilice candeleros. También necesitará, un recipiente metálico para los fósforos, busque en tiendas de importación recipientes metálicos hermosos y baratos. ¡Piense que este recipiente se puede deslustrar, y algunos niños podrían disfrutar lustrándolo en el salón de clases! También necesitará un apagavelas. Guarde estos artículos (velas, fósforos, y apagavelas) en una bandeja forrada de paño o fieltro de color púrpura o azul.

Usted también necesitará un modelo de la ciudad de Belén, similar al ilustrado en la página 31. Debe ser colocado en el medio del círculo de niños para remarcar que todos estamos en camino hacia Belén, incluido el narrador.

También necesitará las figuras de la Sagrada Familia, la cual se encuentra en el centro del estante superior de los estantes centrales.

También desde los estantes centrales, necesitará la Vela de Cristo, la cual se encuentra a la izquierda de la Sagrada Familia en el estante superior. Esta vela será también utilizada en la Lección 6, cuando narre la historia del Bautismo.

Finalmente, necesitará incluir los regalos de los Magos; un trozo de incienso, un trozo de mirra y monedas de chocolate cubiertas de oro.

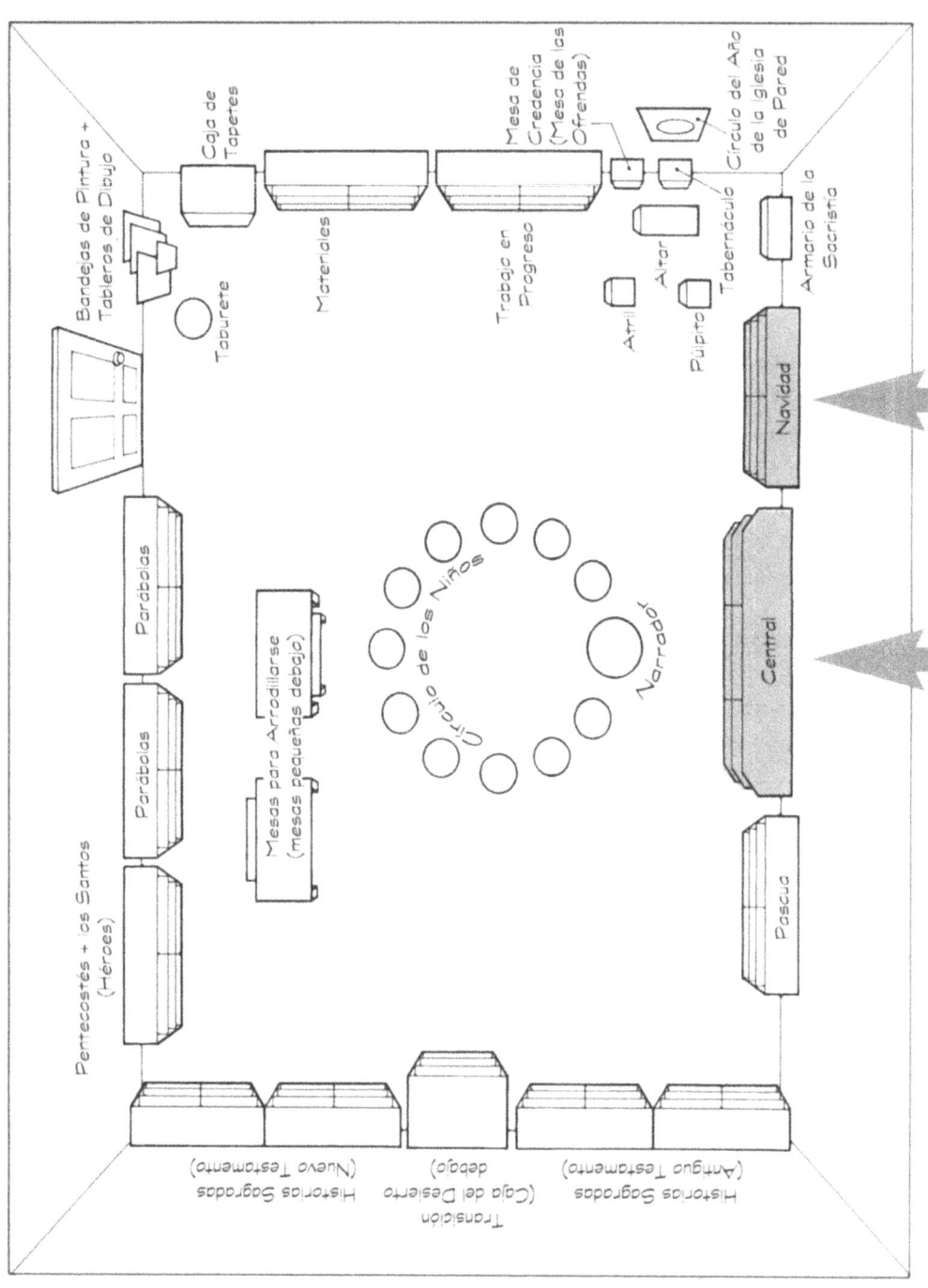

DONDE ENCONTRAR LOS MATERIALES

MOVIMIENTOS

Cuando los niños estén preparados, vaya hacia los estantes de Navidad y saque los materiales que necesita, como se describe en la Lección 1, Adviento I (página 30).

Coloque la primera tarjeta de Adviento y cuente sobre los profetas (páginas 30 a 32). No minimice ni apresure la historia. Termine con las palabras: "Algo increíble va a pasar en Belén."

Coloque la segunda tarjeta de Adviento y cuente sobre la Sagrada Familia (páginas 37 a 38). No minimice ni apresure la historia. Termine con las palabras: "Ellos debieron ser las últimas personas que venían por el camino hacia Belén esa noche."

Coloque la tercera tarjeta de Adviento y cuente sobre los pastores (páginas 42 a 43). No minimice ni apresure la historia. Termine con las palabras: "Corran a Belén para ver al niño que habrá de cambiar todo".

Coloque la cuarta tarjeta de Adviento y cuente sobre los hombres sabios (páginas 48 a 49). No minimice ni apresure la historia. Termine con las palabras: "...porque como nosotros, ellos también están en camino hacia Belén."

Coloque la tarjeta de Navidad y cuente sobre el nacimiento de Jesús (página 49). No minimice ni apresure la historia. Termine con las palabras: "Lo único que la vieja vaca pudo hacer fue mirar y mirar al bebé, con sus enormes ojos marrones."

Coloque las cuatro velas de Adviento y la Vela de Cristo, una por una, entre usted y el tapete de base con las cinco tarjetas sobre él.

DIÁLOGO

Miren atentamente hacia adonde voy así siempre sabrán dónde encontrar los materiales para esta lección.

Aquí esta la luz de los profetas. Aquí esta la luz de la Sagrada Familia. Aquí esta la luz de los pastores. Aquí esta la luz de los hombres sabios. Aquí esta la Vela de Cristo.

MOVIMIENTOS

Encienda las cinco velas en orden.

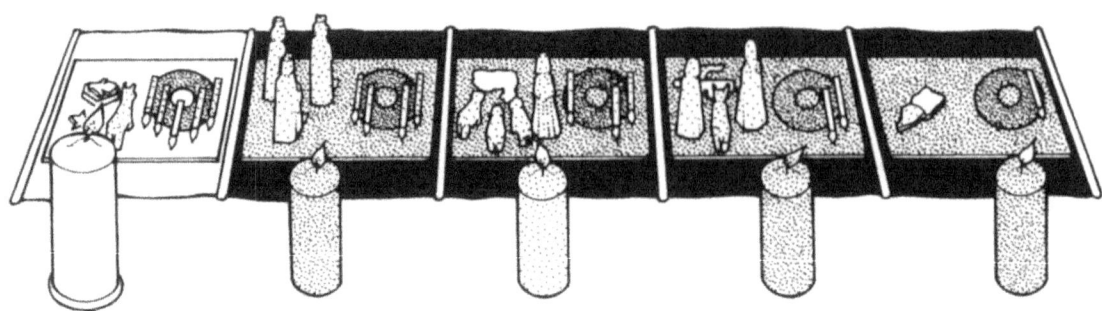

LAS TARJETAS Y VELAS DE ADVIENTO Y NAVIDAD (PERSPECTIVA DEL NARRADOR)

Regrese otra vez a la cuarta tarjeta y cuarta vela.

Muestre las monedas de oro.

Saque el recipiente del incienso y ábralo. Utilizando las pinzas, tome una de los cristales de incienso. Colóquelo en la llama de la luz de los Magos.

El incienso burbujeará y se volverá negro. Mantenga quemándose nuevos pedazos si es necesario hasta que los niños puedan olerlo. Puede llevarle algún tiempo. No deje que se pasen la pinza alrededor entre ellos, porque está caliente.

Cuando esto está terminado, saque la mirra y colóquela en la llama de la vela de los reyes.

DIÁLOGO

Esta es la luz de los Magos, los reyes, los hombres sabios. Ellos trajeron regalos: incienso, mirra y oro.

El oro era para un rey, pero para una clase diferente de rey, así que también trajeron incienso. Esto era algo que se utilizaba en el culto, y todavía hoy se utiliza para acompañar a las oraciones.

Aquí está el incienso. Miren. Primero, el humo es negro, luego se torna blanco, y la fragancia, la esencia, es liberada. ¿Pueden verlo? ¿Comienzan a olerlo?

Esto es mirra. Esta no era un regalo para un rey común. Esto es lo que se quema en los funerales. También es colocado con el muerto en el entierro. Esto es para alguien el cual en su muerte es importante.

Miren. ¿Pueden ver al humo? ¿Pueden comenzar a oler la esencia? Es muy diferente al incienso. A algunos les gusta uno de ellos, a otros les gusta el otro. Los dos son importantes como regalos, para mostrar que este rey no fue un rey como los otros reyes. Ahora, déjenme cambiar la luz como lo hicimos antes.

MOVIMIENTOS	**DIÁLOGO**
Saque el apagavelas desde la bandeja de las velas.	Ahora miren. Ahora voy a cambiar la luz.
Apague las velas lentamente, comenzando con las velas de Adviento.	
Lentamente apague la Vela de Cristo.	Ahora voy a cambiar la luz de la Vela de Cristo. Miren. También se está dispersando y llenando el salón. Mientras se dispersa, se hace tenue y más tenue, hasta que no se puede ver para nada. Eso no significa que se haya ido. Sólo significa que ya no se ve. Ustedes aún pueden sentir la navidad. Está llenando el salón con los profetas, la Sagrada Familia, los pastores y los tres reyes. Dondequiera que vayan, ustedes se acercan a ellos.
Disfrute el momento y luego comience a poner los materiales de la lección en su lugar. No hay preguntas al final de esta lección.	Ahora, miren cuidadosamente adonde voy con los materiales, así siempre sabrán de donde sacarla cuando quieran trabajar con ella.
Vuelva a colocar todo sin apuros. Regrese al círculo y pregunte a los niños que trabajo les gustaría hacer ese día.	

LECCIÓN 6
EL SANTO BAUTISMO

NOTAS DE LA LECCIÓN
ENFOQUE: LA INICIACIÓN POR EL AGUA Y EL ESPÍRITU SANTO
- ACCIÓN LITÚRGICA
- PRESENTACIÓN CENTRAL

EL MATERIAL
- LOCALIZACIÓN: ESTANTES CENTRALES
- PIEZAS: BANDEJA GRANDE CON UN TAZÓN (PARA LA FUENTE BAUTISMAL), JARRO CON AGUA, RECIPIENTE CON ACEITE CON ESENCIAS, CAJA DE METAL CON CERILLOS Y TAPETE DE BASE BLANCO; CESTA CON UN MUÑECO BEBÉ, ENVUELTO EN UNA MANTA O BATA BLANCA, TAZÓN DE LATÓN CON ARENA, CESTA CON VELAS, CON PROTECCIÓN CONTRA GOTEO (O VELAS CON CANDELEROS); VELA DE CRISTO.
- BASE: 3 CÍRCULOS DE FIELTRO BLANCOS

ANTECEDENTES

Usted puede presentar esta lección en cualquier momento durante el año de la Iglesia, pero es especialmente apropiada en el primer domingo después de Epifanía (6 de Enero), un domingo conocido como el del Bautismo de Nuestro Señor, o en cualquier otro domingo donde se celebre un Bautismo.

El Santo Bautismo es la iniciación plena en la Iglesia por el agua y el Espíritu Santo. El rito une al pasado y al futuro en el presente, así que no es necesario ser bautizado más de una vez. Para los cristianos, el ritual es la puerta de entrada a la familia de familias que nosotros llamamos la Iglesia. Permanece como el primer momento en la vida de una persona cristiana, algo para ser recordado y también esperado.

Bautizamos a las personas en el nombre tradicional de la Santa Trinidad—el Padre, el Hijo y el Espíritu Santo—así que el primer material utilizado en esta lección son tres círculos blancos solapados, un símbolo muy reconocido de la Trinidad. Los nombres del Creador, el Redentor y el Sostenedor están en yuxtaposición al lenguaje clásico para mostrar que la Trinidad está mucho más allá, que solo una cuestión de género.

Colocamos imágenes de acción en cada uno de los círculos blancos: el servir el agua para el Creador, el encendido de la Vela de Cristo para el redentor, y las imágenes de la paloma y la esencia invisible del aceite para el Sostenedor. Les pedimos a los niños que recuerden o esperen el día de su bautismo, encendiendo velas desde la Vela de Cristo, ya que este también es el día en que ellos reciben su "luz".

NOTAS SOBRE LOS MATERIALES

En una bandeja grande coloque los tres círculos de fieltro blanco enrollados (cada uno de 18 pulgadas de diámetro), un tazón de cristal (para la fuente o pila de agua bendita, de cerca de 8 pulgadas de diámetro), un jarrón con agua, una figura tridimensional de una paloma (cerca de 5 pulgadas de largo), una pequeña botella o vial de aceite con esencia, una caja de metal con cerillos y un apagavelas. En una cesta, necesitará tener un muñeco bebé, envuelto en una manta blanca o vestido con una bata blanca. También necesitará un tazón de latón (cerca de 8 pulgadas de diámetro), lleno hasta la mitad con arena y una segunda cesta con velas pequeñas (cerca de media pulgada de diámetro y 4 de alto) con protección contra goteo, para proteger las manos de los niños de la cera caliente. Para niños demasiado pequeños para manejar velas, provea de velas (candelas o votivas) en porta—velas, uno para poner frente a cada niño. También necesitará la Vela de Cristo.

Encuentre los materiales para esta presentación en los estantes centrales. La Vela de Cristo se encuentra en el estante central superior, hacia la izquierda. La bandeja de los materiales y la cesta con el muñeco están en el estante central medio, directamente debajo de la Vela de Cristo (hacia la izquierda). La cesta de velas pequeñas y el tazón de arena están en el estante central inferior, debajo de los otros materiales bautismales (a la izquierda).

Adapte los materiales de acuerdo a las usanzas de su Iglesia. Por ejemplo, si su Iglesia utiliza una concha para el bautismo, usted puede colocar una en una bandeja con los otros materiales. Si su tradición es bautizar por inmersión total, tendrá que encontrar una forma de mostrar esto, tal vez utilizando una gran palangana o cuenco como fuente en lugar del tazón ya descrito.

NOTAS ESPECIALES

Manejo del Salón de Clases: Cuando se presenta a los niños la lección sobre el Santo Bautismo, no es un bautismo, y no se está jugando a bautizar. En cambio, la lección invita a los niños a recordar "el día de su bautismo o a esperar el día de su bautismo." Es por eso que utilizamos un muñeco en lugar de una persona real.

Los utensilios de limpieza para que los niños utilicen deben incluir materiales para pulir. Los niños pueden disfrutar puliendo las partes metálicas de los materiales utilizados en la presentación de hoy. Algunos niños querrán elegir pulir como parte de su trabajo individual.

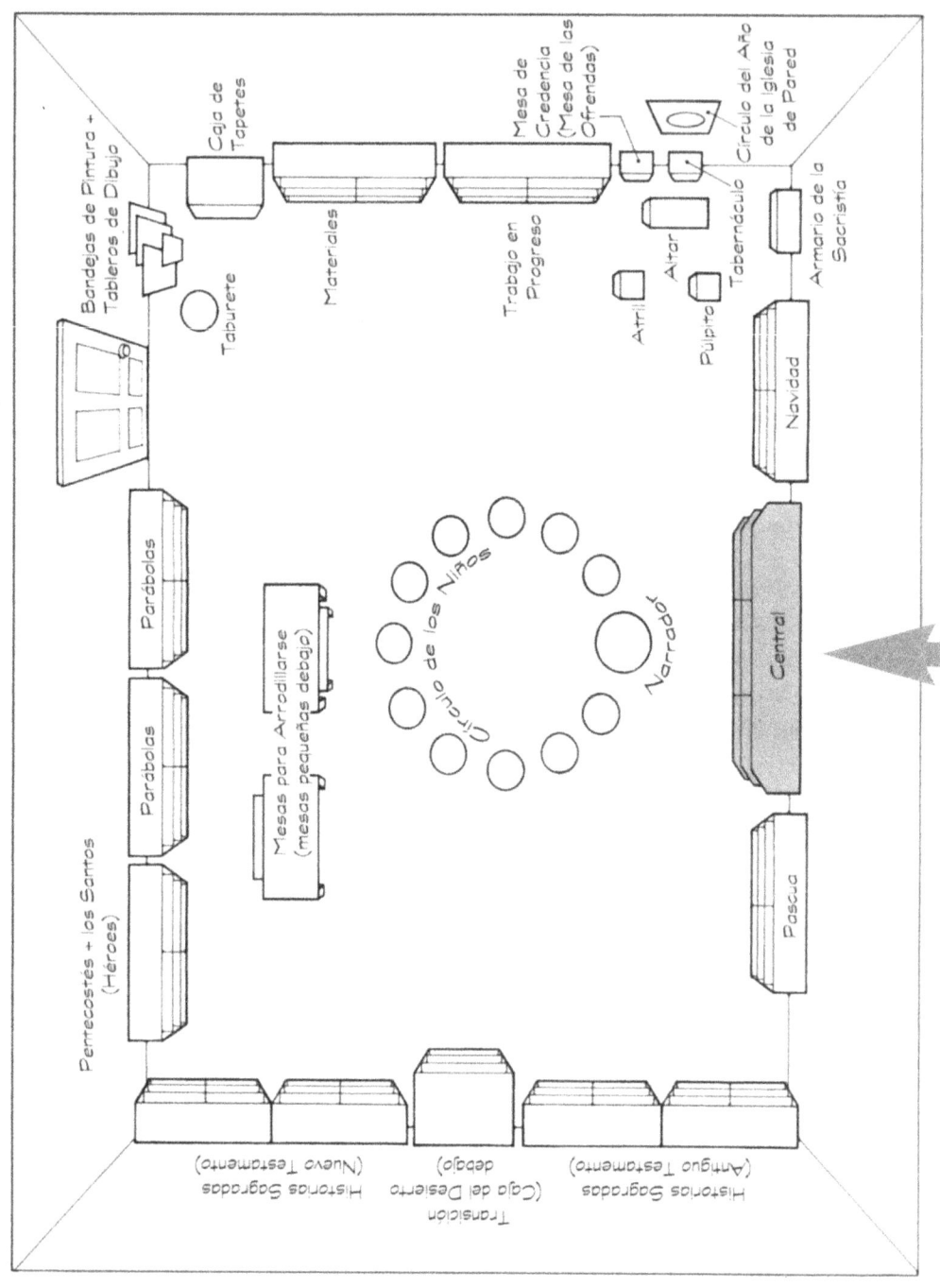

DONDE ENCONTRAR LOS MATERIALES

MOVIMIENTOS	DIÁLOGO
Antes de comenzar la clase, llene la jarra con agua y asegúrese que los cerillos enciendan.	
Cuando los niños estén tranquilos, levántese y camine alrededor del salón. Luego regrese adonde estaba sentado, enfrente de los estantes centrales.	Miren. Vean hacia adonde voy para sacar los materiales de esta lección. Aquí están las Historias Sagradas. Aquí están las parábolas. Y aquí, las lecciones de acción litúrgica.
Los materiales para el Bautismo estarán en los estantes centrales inferiores, debajo de la Vela de Cristo, la cual está a la izquierda del estante central superior.	O... Esta es la lección sobre el Bautismo.
Traiga al círculo la bandeja grande, las dos cestas y el tazón con arena. Colóquelos a los lados de donde usted se encuentra sentado.	
Tome la Vela de Cristo. Cuando tenga todo listo a su lado y los niños preparados, comience la lección.	Necesitamos algo más.
Desenrolle el primer círculo blanco. Alíselo. Desenrolle el segundo y colóquelo de tal forma que se solape parcialmente con el primero. Desenrolle el tercero y colóquelo de tal forma que se solape parcialmente con el primero y el segundo.	Nosotros bautizamos a la gente en el nombre del Padre... del Hijo... y del Espíritu Santo.
Siéntese y aprecie este símbolo de la Trinidad. Luego señale a cada círculo y nómbrelos nuevamente.	El Creador, el Redentor y el Sostenedor.
Coloque la jarra y el tazón de cristal en el círculo del Padre; la Vela de Cristo en el del Hijo; y la paloma y el aceite en el círculo del Espíritu Santo. Haga esto lentamente y con deliberación.	

Jugar Junto a Dios

| **MOVIMIENTOS** | **DIÁLOGO** |

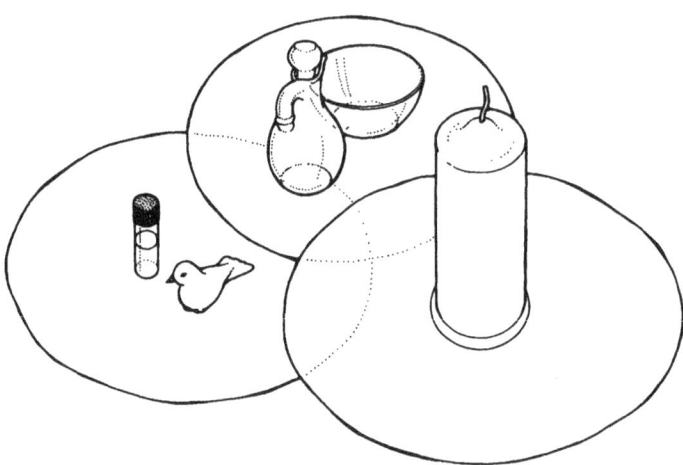

LOS TRES CÍRCULOS DE LA TRINIDAD (PERSPECTIVA DEL NARRADOR)

Vierta el agua en el tazón de cristal, escuchando el sonido del agua. Luego, ponga su mano en el agua y muévala mientras la nombra. Recoja algo de agua con su mano y viértala nuevamente mientras continúa.	Esta es el agua de la Creación, el agua peligrosa del diluvio, el agua a través de la cual el Pueblo caminó hacia su libertad, el agua con la que Jesús fue bautizado, el agua con la que ustedes fueron o serán bautizados, y mucho más.
Cuando haya contemplado esto por un momento, tome un cerillo desde su caja y señale la Vela de Cristo.	Hubo alguien una vez que dijo cosas tan maravillosas e hizo cosas tan asombrosas, que la gente no pudo resistir preguntarle quién era. Una de las veces en las que le preguntaron que quién era, él dijo...
Encienda el cerillo y con él, la Vela de Cristo.	"...Yo soy la Luz".
Quite el tapón del recipiente que contiene el aceite. Muévalo suavemente alrededor del círculo para que los niños reciban su aroma.	El Espíritu Santo va adonde desea. Viaja montado en el viento invisible como una paloma y viene a nosotros cuando necesitamos su consuelo y poder. Es invisible, como la esencia de este aceite. Es invisible pero está ahí.
	Las personas son bautizadas cuando son bebés, o niños, adolescentes, o pueden ser ya adultas, o hasta ancianas. Nosotros usaremos un muñeco de un bebé para ver cómo se hace esto.
Recoja al muñeco y cárguelo en sus brazos.	Le hacemos preguntas a la persona a la que se va a bautizar, o si es un bebé muy pequeño que no puede contestar, a sus padres o padrinos de bautismo. Rezamos por ellos, y estamos listos.

MOVIMIENTOS	DIÁLOGO
	"Pero, esperen, ¿cuál es el nombre de este bebé? Los nombres son muy importantes en el Bautismo.
Use el primer nombre y continúe rápidamente.	"Luis." Ese es un buen nombre.
Mueva el agua, ponga algo de ella en la cabeza del muñeco, o viértale algo de agua o sumerja al muñeco en ella.	Luis, yo te bautizo en el nombre del Padre… y del Hijo… y del Espíritu Santo. Amén.
Ponga algo de aceite en sus dedos y haga el signo de la cruz en la frente del muñeco, si esa es la costumbre en su Iglesia.	Luis, quedas sellado por el Espíritu Santo y marcado como propiedad de Cristo para siempre. Amén.
Cuidadosamente, devuelva al muñeco a su canasta. Luego, recoja una vela de la cesta de velas.	Este es el día en que Luis recibe su luz. Lo iluminamos desde la Vela de Cristo
	Nombro a este niño.
Cuando usted o el niño responden "Luis", continúe.	Luis, recuerda el día de tu bautismo.
Encienda la vela de Luis y colóquela en el tazón de arena. Tome otra vela desde la cesta de velas para utilizarla usted mismo.	Nombro a este niño (diga su propio nombre.) Recuerda el día de tu bautismo.
Coloque su vela en el tazón de arena. Pase la cesta de velas así cada niño puede tomar una. Repita el nombramiento y el ritual del encendido de la vela para cada niño. Los niños pueden sostener porta velas, o, si no están preparados para esta responsabilidad, pueden dejarla en el tazón de arena.	
Mientras las velas están siendo encendidas, llame la atención de los niños al círculo de luz que se está expandiendo en el círculo.	Miren. La luz se hace cada vez más y más grande. Miren aquí. La luz desde la cual viene toda esta luz, no se está haciendo por ello más pequeña. Me pregunto, ¿cómo podrá salir tanta luz de una sola luz?
	Vean. Miren toda esta luz.

| **MOVIMIENTOS** | **DIÁLOGO** |

Tome el apagavelas.

Ahora, déjenme mostrarles algo. Vamos a cambiar la luz. No. Yo no dije que la fuésemos a apagar o extinguirla. Miren. Les voy a mostrar con la mía primero.

¿Pueden ver como toda la luz está justo allí en la llama? Es fácil de verla. Ahora miren. Cambia.

Lentamente coloque el apagavelas sobre la llama. Manténgalo allí hasta que la llama se apague. Levante el apagavelas lentamente y permita que el humo ascienda y se disperse dentro del salón.

¿Ven? La luz todavía esta dispersándose. Está llenando todo el salón. Solo porque ustedes no puedan ya verla más, no significa que se haya ido. Dondequiera que vayan hoy en este salón, allí estará. Nuestro salón estará lleno de luz invisible. Vuestra luz. La luz que ustedes recibieron o recibirán, el día de su Bautismo.

Los niños toman turnos cambiando sus luces. Luego pase la cesta de nuevo así los niños pueden colocar las velas apagadas en ella. Por último, cambie la luz de la Vela de Cristo.

Algunos niños puede que no quieran cambiar sus luces. Pueden dejarlas encendidas en la arena del tazón (si ya no lo han hecho). Durante la sesión, las velas se irán fundiendo y formarán una vela única, con muchas mechas que seguirán encendidas.

Si no quieren cambiar vuestra luz, pueden venir hacia aquí adelante con mucho cuidado y poner su vela en la arena.

Usted puede omitir las preguntas después de esta sesión. La lección en sí misma tiene enormes interrogantes, y es un tanto larga. Coloque todo de vuelta en la bandeja y en las cestas. Regrese los materiales a sus lugares respectivos en los estantes. Lleve el tazón de arena al estante superior junto a la Vela de Cristo si todavía hay velas encendidas. De lo contrario, puede colocarla en el estante inferior.

La mayoría de las veces no habrá tiempo para un período de trabajo después de esta lección, así que puede proceder directamente a la celebración de despedida.

LECCIÓN 7
LA PARÁBOLA DEL BUEN PASTOR

NOTAS DE LA LECCIÓN
ENFOQUE: EL PASTOR Y SUS OVEJAS (MATEO 18:12–14; LUCAS 15:1–7)
- ACCIÓN LITÚRGICA
- PRESENTACIÓN CENTRAL

EL MATERIAL
- LOCALIZACIÓN: ESTANTES DE PARÁBOLAS
- PIEZAS: CAJA DE PARÁBOLAS CON PUNTO VERDE, 12 TIRAS DE FIELTRO MARRÓN, 3 FORMAS DE FIELTRO NEGRAS, UNA FORMA DE FIELTRO AZUL, 5 CORDEROS, 1 BUEN PASTOR, UN PASTOR COMÚN, 1 LOBO
- BASE: VERDE

ANTECEDENTES

El cordero primario y la parábola del pastor de Jesús, reconocida como auténtica por muchos eruditos, es la del pastor que sale a buscar a un solo cordero que está perdido y deja solos a los otros noventa y nueve para hacerlo. En esta presentación, la puerta queda abierta mientras el pastor busca al cordero, pero usted también encontrará que muchos de los conflictos de la vida encuentran significado y solución en los temas de Salmos 23 y Juan 10, también presentes en esta lección.

EL término *parábola* puede tener un amplio significado. Esta lección es más una declaración de identidad de Jesús que una parábola. Está especialmente conectada y es una introducción para la lección de más adelante, sobre la declaraciones "Yo soy" en el Evangelio de Juan.

NOTAS SOBRE EL MATERIAL

Encontrará los materiales en una caja de parábolas dorada con un punto verde, localizada en el estante superior de uno de los estantes de parábolas. Dentro de la caja, hay un tapete de base verde con esquinas toscamente redondeadas y con un contorno irregular aproximadamente cuadrado. Doce tiras de fieltro marrón (cerca de 1 pulgada por 10 pulgadas) forman el corral de los corderos. Tres formas irregulares negras hechas de fieltro dan la apariencia tosca de una boca y dos ojos, que al colocarse juntas formarán el lugar peligroso. Un pedazo de fieltro azul provee el agua. Hay cinco corderos de diferentes tonos de gris y marrón, un Buen Pastor, un pastor común y un lobo.

NOTAS ESPECIALES

Manejo del salón de Clases: La parábola, como es presentada aquí, ha servido a los niños desde cerca de 1974. Muchas de sus pruebas vienen del trabajo con niños enfermos en los hospitales del Texas Medical Center en Houston entre 1974 y 1984. Ha continuado confortando, desafiando y dando voz a temas existenciales. Cuando el niño está preparado para discutir sobre la puerta abierta, esta parábola provee la ocasión para hacerlo.

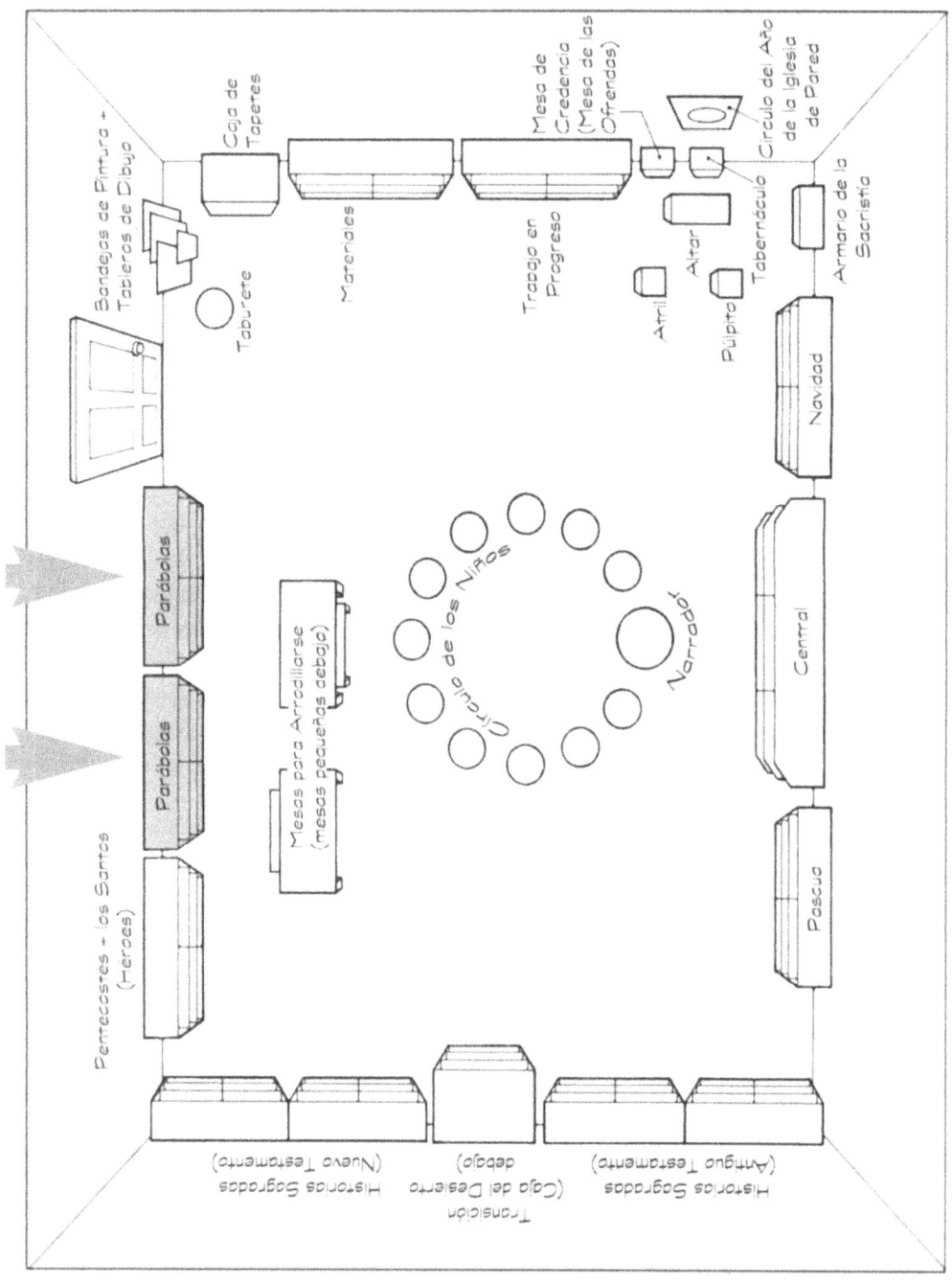

DONDE ENCONTRAR LOS MATERIALES

MOVIMIENTOS

Vaya a los estantes de parábolas y traiga la caja dorada al círculo. Mientras toma la caja señale el punto verde en ella. Esta pista acerca del color del tapete de base es la única indicación fuera de la caja de qué parábola está dentro. Esto previene de darle a una parábola más valor sobre otra por el color, tamaño o forma de la caja. Los niños pueden acercarse a las parábolas como iguales y encontrar la correcta.

Coloque la caja en el medio del círculo.

Cuando mencione que la caja está cerrada, golpee la tapa de la caja como si fuera una puerta. Cuando diga que la parábola es como un regalo, tome la caja dirigiéndose hacia niños como si estuviera dándosela a modo de regalo. También puede mencionar que la parábola es vieja y que la caja se ve de la misma manera, vieja. No necesita hacer todos estos comentarios de apertura cada vez que haga la presentación.

Siéntese. Reflexione sobre la necesidad de estar preparados listos para abrir la parábola y guardarse de no interrumpir. Comience cuando usted y los niños estén preparados.

Mueva cuidadosamente la caja a su lado. Quite la tapa y déjela encima de la caja a un lado del círculo. Esto ayuda a que los niños no se distraigan tratando de saber que hay dentro de la caja.

Mientras saca las cosas de la caja, pregúntese junto a los niños sobre que puede ser cada cosa. Lo que está haciendo es invitar a lo niños a ayudarle a construir la metáfora de la parábola, ayudando a crear una propiedad común de lo que está por venir

DIÁLOGO

Miren atentamente hacia adonde voy así siempre sabrán dónde encontrar los materiales de esta lección.

¡Miren! Es dorada. Adentro debe haber algo muy valioso como el oro. Quizás hay una parábola dentro. Las parábolas son aún más valiosas que el oro, así que tal vez, haya una dentro de la caja.

La caja también está cerrada. Y tiene una tapa. Quizá hay una parábola adentro de la caja. A veces, aunque estemos muy preparados, es difícil entender una parábola. Las parábolas son así. A veces, se mantienen cerradas para nosotros.

La caja parece un regalo. Las parábolas les fueron regaladas a ustedes hace mucho tiempo. Aún si ustedes no saben qué es una parábola, la parábola ya es de ustedes. No tienen que quedársela, o comprarla, o tenerla de alguna manera. Ellas ya les pertenecen.

Necesitan estar preparados para saber si hay una parábola dentro de la caja. Es fácil romper parábolas. Lo que es difícil es entenderlas.

Tengo una idea. ¡Veamos adentro para saber qué hay allí!

MOVIMIENTOS

DIÁLOGO

Saque el tapete de base verde. Primero, déjelo arrugado. Luego alíselo en el centro del círculo de niños.

Me pregunto, ¿qué realmente podrá ser esto? Ciertamente, es verde. Verde. No hay nada más que verde aquí.

La idea es obtener muchas respuestas serias y a veces, divertidas—pero no al punto de ser perjudiciales. Esto apoya la propiedad en la parábola imaginativa, pero también es frustrante la idea de que los niños ya sepan sobre que trata. Algunos ya han visto esta parábola muchas veces.

Me pregunto si esto es una de esas cosas en las que se sientan las ranas en los lagos. (Los niños dirán el nombre si lo saben).

Me pregunto, ¿esto será la copa de un árbol?

Mire hacia el árbol imaginario.

O me pregunto, ¿será esto la hoja de un árbol gigante. Debe ser la de un árbol muy, muy alto.

Sí, es un pedazo de tela, pero ¿qué habrá del otro lado?

Voltéelo. Alíselo nuevamente. Tal vez podría hacer esto más de una vez.

¿Ven esto? Siempre hay otro lado.

Tome de la caja el pedazo de fieltro azul y colóquelo sobre el verde, en la esquina izquierda lejana a usted. Alíselo.

Me pregunto, ¿que será realmente esto?

¿Podrá haber un lugar para mirar a través hacia el otro lado?

Inclínese y mire por la "ventana" o por el "espejo."

Me pregunto si es una de esas cosas en las que te miras y ves tu propia cara.

Enseguida, saque de la caja las tres tiras de fieltro negro. Sostenga cada tira en la palma de su mano y muéstreselas a los niños, antes de colocar cada una a su derecha en la esquina del tapete de base cercana a los niños. La tira más larga se coloca en oposición a las dos más pequeñas, así los corderos pueden pasar entre la larga de un lado y las dos pequeñas en el otro lado.

Miren, no hay luz ahí. Me pregunto ¿qué podrá ser realmente? Me pregunto, ¿si es tan profundo que la luz no puede llegar hasta el fondo? Es como sostener una sombra en las manos.

MOVIMIENTOS	**DIÁLOGO**
	A veces la gente que se sienta por allí, cree ver una cara. ¡Oh! no luz en los ojos. Tampoco hay luz en su sonrisa.
Cuando las sugerencias acerca de qué son las piezas de fieltro negro estén a punto de acabar, saque solo una tira marrón y déjela cerca de usted en la parte inferior derecha del tapete. Puede mover sus dedos a lo largo de la tira marrón para sugerir un camino. Intente estirar la tela como si fuera una banda elástica.	Me pregunto ¿qué podrá ser esto? ¿Un camino? ¿Un pedazo de leña? ¿Una rama? No, no es una banda elástica tampoco.
La segunda tira marrón se coloca paralela a la primera, pero más lejos de usted sobre el tapete.	Aquí hay otra. Tal vez el camino esté entre estos dos.
La tercera pieza se coloca a la izquierda, para conectar las dos primeras tiras paralelas. Queda con una forma parecida a un arco de fútbol.	Y aquí hay otra. ¡Miren! ¿Fútbol? ¿Una portería de fútbol? Me pregunto; ¿si es un puente entre dos caminos?
Cuando la figura está cerrada, parece un cuadrado, pero también puede parecer el diamante de un campo de béisbol.	Y aquí hay otra. ¿Baseball? Ahora hay un adentro y un afuera.
Mueva una de las 4 tiras para sugerir el movimiento de una puerta, luego ciérrela nuevamente para formar el cuadrado o diamante.	Vamos a hacer una puerta, así si hay alguien adentro, el o ella, puede salir. O alguien que está afuera puede entrar.
Ponga la otra tira encima de las otras ya colocadas, de modo que construya la figura que ya ha hecho, a una profundidad de tres tiras cada una.	Y hay más. Cada vez se hace más fuerte y sólida. Me pregunto qué podrá ser. Si, podría ser una casa, un tipo de casa plana, plana como todo lo que hay en las parábolas. Podría ser un lugar para animales o para la gente. ¿Me pregunto quién vive aquí?
Saque una sola oveja de la caja y colóquela en el corral. Saque después las otras cuatro, una por una. Cuando se esté preguntando cuantas habrá allí, saque una, luego otra, hasta que solo quede solo una. Mientras se pregunta si habrá más, coloque la oveja dentro del corral hasta que complete las cinco.	¡Oh! ¡Es un lugar para ovejas! ¿Cuántas ovejas habrá en total? ¿Serán todas?, ¿Habrá más? ¿Serán todas? ¿Cuántas habrá? ¿Tal vez solo estas? O tal vez hay solo estas y algunas más.

MOVIMIENTOS   DIÁLOGO

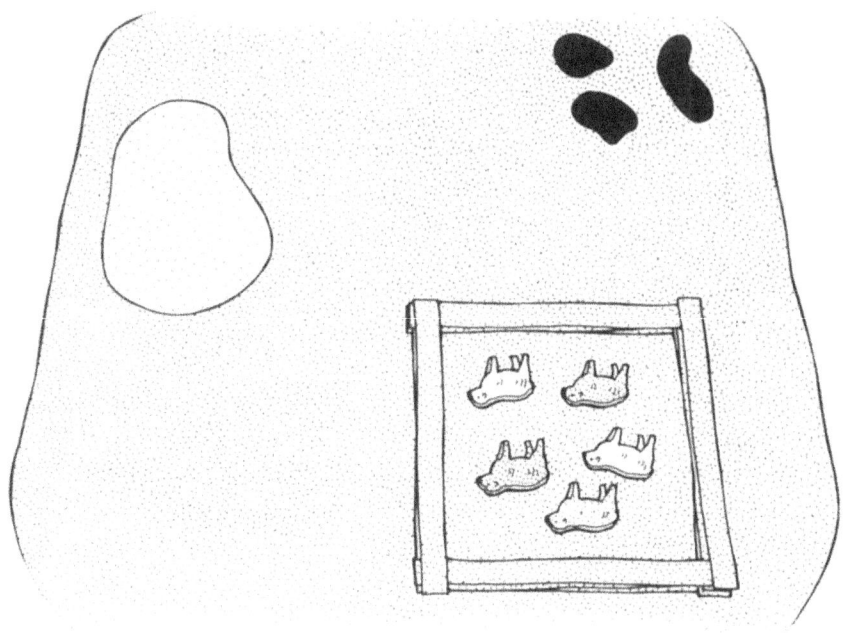

LAS OVEJAS EN EL CORRAL (PERSPECTIVA DEL NARRADOR)

Ahora está usted listo para comenzar la parábola. La construcción de la metáfora está completa. Siéntese y reflexione por un momento. Luego comience con remarcado énfasis.	Había una vez alguien que dijo cosas tan maravillosas e hizo cosas tan sorprendentes que la gente lo siguió. No podían ayudarle. Ellos querían saber quién era él, así que decidieron preguntarle.
Cuando diga "Yo soy el Buen Pastor" saque al Buen Pastor de la caja dorada y sosténgalo en la palma de sus manos. Muéstrelo a los niños moviendo sus manos de un lado a otro. Luego coloque al Buen Pastor a la derecha del corral entre el mismo y el borde del tapete verde.	Cuando preguntaron, él respondió: "Yo soy el Buen Pastor".
Mientras comienza a hablar, mueva parte del corral (para abrir la puerta). Mueva al Buen Pastor a su izquierda sobre el tapete. Luego mueva los corderos uno por uno, sacándolos lentamente del corral hacia los pastos.	"Yo conozco a cada una de mis ovejas por su nombre. Cuando las saco del corral, ellas me siguen. Yo camino al frente de mis ovejas, para mostrarles el camino."

MOVIMIENTOS	DIÁLOGO
Se mueven en una sola fila, mueva el primero y luego los otros para alcanzarlo.	
Mueva su mano encima del pasto a la izquierda del corral.	"Yo les muestro el camino hacia los buenos pastos…"
El movimiento de las ovejas necesita ser lento y fluido. Enfóquese en cada una mientras la mueve hacia la pieza de fieltro azul.	"… y les muestro el camino hacia el agua fresca, refrescante y tranquila."
Mueva el Buen Pastor entre las piezas de fieltro negro y luego comience a hacer lo mismo con las ovejas. Recuerde las veces que tuvo que ir a través del peligro y deje que esos sentimientos entren en su conciencia actual.	"Cuando hay lugares peligrosos…"
Mueva las ovejas a través una a la vez. Muévalas lentamente. Ellas no quieren ir. Se detiene dan vuelta y siguen. Finalmente, queda solo una por pasar. Coloque esa última oveja perdida debajo de una de las tiras de fieltro negro solo asomando su cabeza.	"… Yo les muestro él camino para atravesarlos."
Hay silencio mientras pasan las ovejas. Siéntase cómodo en ese silencio.	
Traiga las cuatro ovejas a la puerta del corral. El Buen Pastor está de regreso, en el mismo lugar donde empezó.	
Mueva cada oveja hacia adentro del corral. Asienta con su cabeza y lentamente cuente a cada una. Los niños pueden unírsele en esto.	"Yo cuento a cada una mientras las ovejas entran."
Luego, mueva su mano como si la oveja perdida estuviera entrando. Claramente la oveja no está allí. Busque debajo y arriba de su mano. ¿Dónde podrá estar?	"Si una de las ovejas está perdida, iré a donde sea para encontrarla…"

Jugar Junto a Dios *La Parábola del Buen Pastor*

MOVIMIENTOS	DIÁLOGO
Mueva al Buen Pastor enfrente del corral y luego lentamente hacia los pastos, hacia el agua, y a través del lugar peligroso. La puerta del corral debe quedar abierta.	"… en los pastos, junto al agua, hasta en los lugares peligrosos."
Tome a la oveja que está de la tira de fieltro negro y colóquela en los hombros del Buen Pastor. Si su Buen Pastor ya tiene una oveja en la espalda, no se preocupe. Eso raramente preocupa a los niños. Si se lo mencionan, simplemente responda: "En realidad, hay una sola."	"Y cuando encuentre a la oveja perdida, la cargaré en mi espalda, aunque fuera muy pesada, y la llevaré segura de regreso al corral."
Mueva al Buen Pastor y a la oveja perdida a través del lugar peligroso, hacia el corral. Baje a la oveja desde los hombros del Buen Pastor y déjela enfrente del corral. Coloque al Pastor en su posición original. Mueva a la oveja perdida hacia adentro del corral y cierre la puerta.	"Cuando todas las ovejas están seguras en el corral, yo estoy tan feliz que no puedo estar tan feliz y solo, así que invito a todos mis amigos y tenemos una gran fiesta."
Siéntese y haga una pausa. A veces, algunos niños mayores dicen: "¡Y seguramente, después se la comieron!" Tome estos comentarios seriamente. Tome su tiempo en contestar y diga: "¿Saben? Las ovejas mueren todos los días, pero esta fiesta se trata de encontrar".	
Ponga al Buen Pastor en la caja y saque al Pastor Común. Coloque esta figura sobre la palma de sus manos, mostrándoselo a los niños. Luego colóquelo sobre el tapete entre los pastos, el agua, el lugar peligroso y el corral.	Este es el pastor común. Cuando el pastor común saca a las ovejas del corral, no siempre les muestra el camino.
Saque a las ovejas lentamente fuera del corral, moviendo una hacia la derecha, otra hacia la izquierda, otra hacia la esquina derecha más lejana, otra hacia la izquierda lejana también, y la quinta pasa por detrás del Pastor Común hacia la orilla más lejana de los pastos.	Las ovejas se extravían.

MOVIMIENTOS	DIÁLOGO
Tome al lobo de la caja y muéstrelo a los niños, como lo ha hecho con las otras figuras. Colóquelo junto al lugar peligroso, enfrentando a las ovejas.	Cuando llega el lobo, el pastor común huye...
Mueva al Pastor Común hacia afuera del cuadrado verde, a su izquierda y guárdelo en la caja.	
Saque al Buen Pastor de la caja y colóquelo entre el lobo y las ovejas. Asiéntelo firmemente y deje su mano allí por unos momentos para demostrar la fuerza de este movimiento.	...pero el Buen Pastor permanece entre el lobo y las ovejas, y hasta daría su vida por sus ovejas...
Mueva a cada oveja de manera que cada una mire hacia el corral.	...para que ellas puedan regresar sanas y salvas al corral.
Luego, lentamente regrese a cada una al corral y cierre la puerta.	
Coloque al Buen Pastor en su lugar original, junto al corral. Ponga al lobo nuevamente en la caja.	
Siéntese y reflexione por un momento sobre toda la parábola. De esta forma, se está preparando para dirigir las preguntas, así que usted necesita primero estar en una ventana mental de preguntas.	Ahora, me pregunto si; ¿estas ovejas tienen nombre?
Señale al corral.	¿Estarán felices las ovejas en este lugar?
	¿Dónde existirá este lugar realmente?
	¿Han estado ustedes en un lugar parecido?
Mueva su mano encima de los buenos pastos a su izquierda cercana.	¿Han hallado ustedes alguna vez buenos pastos?
	Me pregunto si; ¿alguna vez los ha tocado el agua fresca y clara?
	¿Ustedes han atravesado alguna vez un lugar peligroso?
	Me pregunto; ¿como lo pudieron atravesar?

| **MOVIMIENTOS** | **DIÁLOGO** |

Me pregunto; ¿si alguno de ustedes estado perdido?

¿Alguna vez alguien los ha encontrado?

Me pregunto si; ¿alguna vez el Buen Pastor los ha llamado por su nombre?

Mientras las preguntas comienzan a terminar, necesita estar atento, porque usted querrá finalizarlas con energía.

Me pregunto; ¿dónde habrá realmente un lugar como esté?

Cuando terminen las preguntas, comience a recoger cuidadosamente los materiales y a devolverlos a la caja de parábolas. No se apresure. Usted no sabe que sentimientos han despertado estas piezas en los niños. Nombre las piezas mientras las pone en la caja.

Aquí está el Buen Pastor.
Miren. Las ovejas.
El agua.
El lugar peligroso.
El corral.
Los pastos.

Cuando ha puesto todo en su lugar regrese la caja de parábola a su lugar en los estantes de parábolas y comience a ayudar a los niños a decidir que trabajo harán el día de hoy.

Ahora me pregunto; ¿qué trabajo les gustaría hacer el día de hoy?

LECCIÓN 8
LA PARÁBOLA DEL BUEN SAMARITANO

NOTAS DE LA LECCIÓN
ENFOQUE: EL SAMARITANO Y EL VIAJERO HERIDO (LUCAS 10:30-35)
- ACCIÓN LITÚRGICA
- PRESENTACIÓN CENTRAL

EL MATERIAL
- LOCALIZACIÓN: ESTANTES DE PARÁBOLAS
- PIEZAS: CAJA DE PARÁBOLAS CON UN PUNTO MARRÓN, FIELTRO MARRÓN CLARO PARA EL CAMINO, 2 PIEZAS DE FIELTRO NEGRO, FORMAS DE FIELTRO NEGRAS, UNA FORMA DE FIELTRO AZUL, 5 CORDEROS, 1 BUEN PASTOR, UN PASTOR COMÚN, 1 LOBO
- BASE: MARRÓN OSCURO

ANTECEDENTES

Esta parábola se encuentra solamente en Lucas 10: 30-35. La pregunta del doctor de la Ley acerca del mandamiento que enmarca la parábola también aparece en Marcos (12:28-34) y en Mateo (22:34-40), pero sin mención alguna del Samaritano.

NOTAS SOBRE EL MATERIAL

Encontrará los materiales en una caja dorada de parábolas con un punto marrón oscuro, localizada en el estante superior de uno de los estantes de parábolas. Dentro de la caja está un tapete de base marrón, de forma irregular y tosca. Hay una tira marrón claro para el camino y dos piezas negras de fieltro, una para cada lado del camino. En cada final del camino se coloca una ciudad abstracta. El contorno de Jerusalén tiene al templo en el lugar apropiado.

Las figuras que utilizará incluyen a la persona que fue lastimada, los dos ladrones, el sacerdote, el Levita y el Samaritano. Un artículo adicional es llamado la "pieza de cubierta/presentación", es una ilustración que muestra al Samaritano con su burro mientras este coloca una capa sobre la persona lastimada. Esta pieza es suficientemente larga para cubrir a las dos figuras utilizadas en el camino. Usted colocará la pieza de cubierta sobre el Samaritano y la persona lastimada, para luego moverlos junto a la pieza de cubierta, en dirección a Jericó.

NOTAS ESPECIALES

Manejo del Salón de Clases: Los eventos violentos de esta parábola algunas veces pueden perturbar a los niños. Di Pagels, un experimentado narrador de Jugar Junto a Dios, recuerda un momento cuando un niño se volvió hacia otro y los empujó fuertemente diciendo, "Eso es lo que *yo* hice." En lugar de enfocarse en la interrupción del niño, Di hizo una pausa en su narración, elevó su mirada hacia todos los niños y dijo, "Me pregunto como se sintió ese hombre al haber sido herido por los ladrones." Ella le dio a ese niño y al resto de la clase una oportunidad para ingresar con mayor empatía en los sentimientos del herido, y la interrupción pasó.

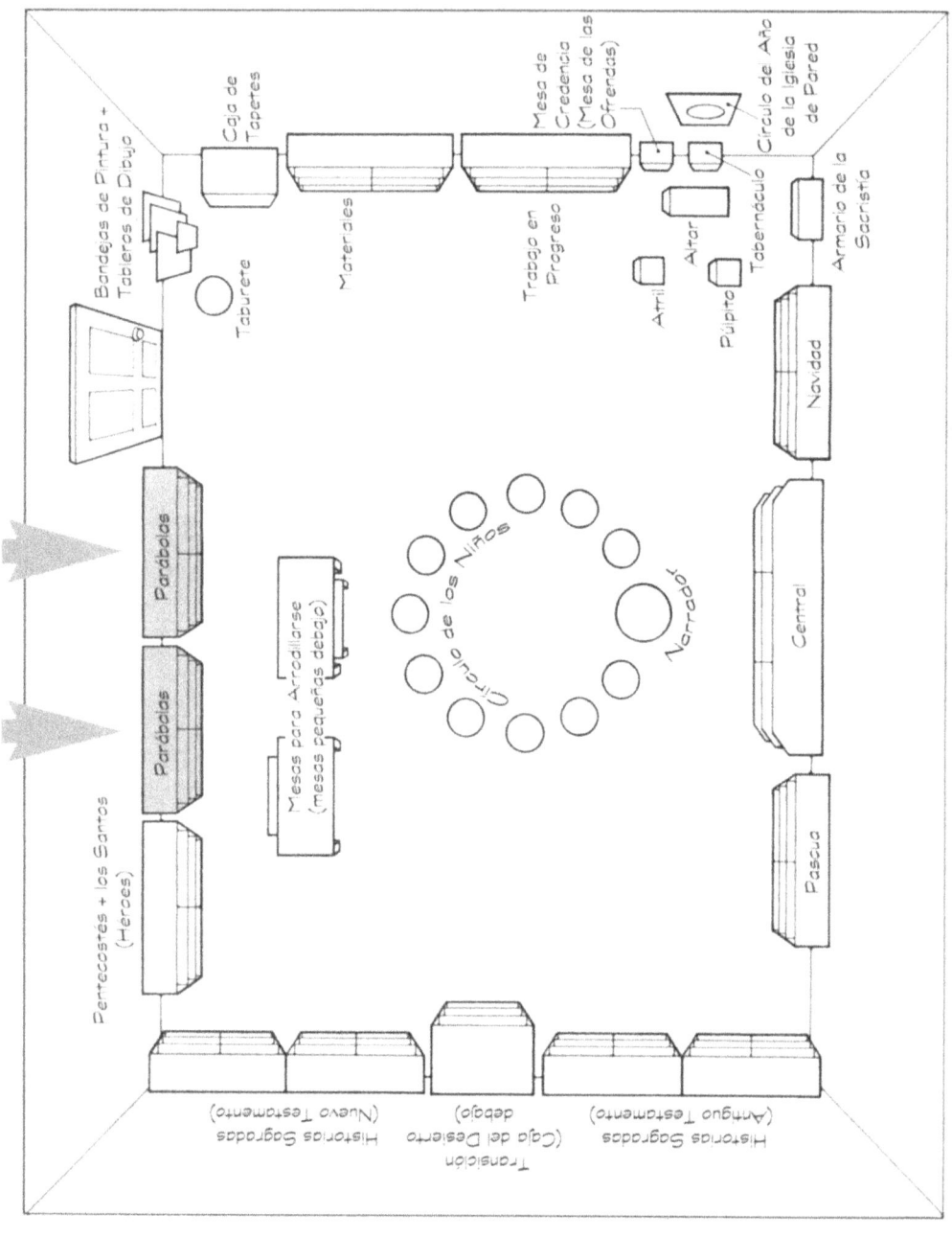

DONDE ENCONTRAR LOS MATERIALES

MOVIMIENTOS

DIÁLOGO

Vaya hacia los estantes de las parábolas y tome la caja dorada de la parábola. Señale el círculo marrón oscuro en la caja, el cual significa que esta es la Parábola del Buen Samaritano.

Miren atentamente hacia adonde voy así siempre sabrán dónde encontrar los materiales de esta lección.

Traiga la caja al círculo y colóquela en el centro. Siéntese, y comience cuando usted y los niños estén preparados.

Ustedes necesitan ser muy cuidadosos cuando se acercan a una parábola. Necesitan estar preparados. No pueden llegar a entender una parábola si no están preparados.

¡Miren! La caja es dorada. Adentro debe haber algo tan valioso como el oro. Quizás haya una parábola. Ellas son muy valiosas. Ellas valen aún más que el oro.

Golpee sobre la parte superior de la caja como si golpeara una puerta.

La caja también tiene una tapa. A veces hay parábolas que tienen puertas que están cerradas. Ustedes no pueden adentrarse en la parábola aún cuando estén preparados. No sé por qué. Solo ocurre, así que no se desanimen. Vuelvan a intentarlo, una y otra vez. Algún día la parábola se abrirá para que puedan entenderla.

La caja parece un regalo. Saben, debe haber una parábola adentro, las parábolas les fueron dadas como regalos hace mucho tiempo, hasta antes que nacieran. Y aunque no sepan que es una parábola, les pertenece.

Siéntese nuevamente. Continúe reflexionando sobre lo que habrá dentro de la caja.

La caja parece vieja. Las parábolas también son viejas. Ellas son más viejas que ustedes, y que yo. Son aún más viejas que sus abuelos y abuelas. Ellas tienen casi dos mil años de edad.

Mueva la caja a su lado y saque la tapa. Apoye la tapa en el costado de la caja que mira hacia los niños así estos no podrán ver dentro de ella. Esto incrementa el misterio y decrece la distracción sobre lo que está por salir de la caja para la mayoría de los que están en el círculo. Necesitará preguntar al niño que está sentado junto a la caja si le molesta a él o ella que la deje allí. Ellos muchas veces anuncian lo que está por "salir" de la caja, lo que interrumpe la concentración del grupo.

¿Me pregunto si realmente hay una parábola adentro? Tengo una idea. Vamos a abrirla y mirar adentro para saber que es.

Huumm. ¿Me pregunto qué podrá ser esto?

MOVIMIENTOS

Saque el tapete de base marrón. Déjelo caer en la forma en que esté en el centro del círculo y mírelo por un momento. Luego, comience a alisarlo.

Espere a que los niños comiencen a hacer sugerencias. Si no comienzan a hacerlo, usted podrá sugerir unas pocas cosas como una galleta gigante o un pedazo de madera para alentarlos a comenzar. Trate que ellos sean los primeros en sugerir las palabras tierra o desierto. Si hay silencios, deje al silencio por unos instantes. Es importante para los niños saber que el silencio es importante y no una causa de ansiedad.

Espere un momento y entonces vuelva a la caja y saque el "camino." Extienda el camino de una esquina a la otra, empezando desde la izquierda más cercana a usted.

Los niños verán esta nueva pieza como un camino o un río. Podría ser una cerca que deben saltar (mueva sus dedos y simule que salta sobre ella.) Puede ser muchas cosas. Invite a los niños a ayudarlo a construir la metáfora de la parábola así será propiedad común de todos.

Coloque a Jerusalén y luego a Jericó en los finales opuestos del camino. Asegúrese de colocar a Jerusalén más cerca de usted. .

Tome las dos piezas de fieltro negro de la caja, una a la vez. Colóquelas una de un lado del camino y la otra del otro lado del mismo, en el punto medio del camino.

DIÁLOGO

¿Me pregunto realmente qué podrá ser? Hay mucho marrón. No hay nada verde. Miren, tampoco hay azul. No hay nada más que marrón.

Es difícil saber qué es esto si solamente hay marrón. Veamos si hay algo más en la caja que nos pueda dar una pista.

Ahora me pregunto, ¿qué podrá ser esto? ¿Qué podrá ser realmente? Si. Podría ser una grieta. ¿Podría ser que todo esto está a punto de romperse en dos pedazos?

Veamos si hay algo más aquí que nos pueda ayudar. Miren. Es un camino. Y va desde este lugar a este lugar. Pero aún hay más. Miren esto.

Me pregunto ¿Qué será esto? No hay nada de luz en esto. Son como sombras. Veamos que más podemos encontrar dentro de la caja para ayudarnos con la parábola.

| MOVIMIENTOS | DIÁLOGO |

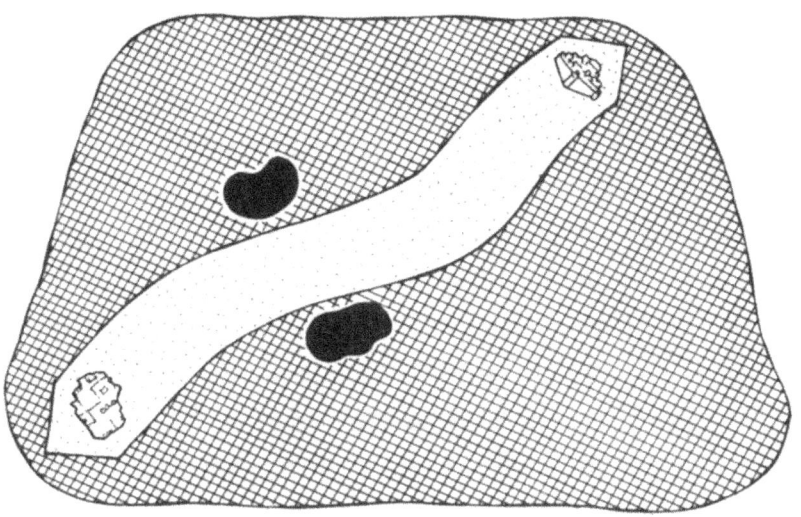

JERUSALÉN Y JERICÓ (PERSPECTIVA DEL NARRADOR)

Tome a los dos ladrones y ponga a cada uno detrás de las piezas de fieltro negro junto al camino. Siéntese y prepárese. Cuando usted y los niños estén preparados, comience.

Había una vez, alguien que hizo cosas tan sorprendentes y dijo cosas tan maravillosas que la gente comenzó a seguirlo. Mientras lo seguían, le oyeron hablar de muchas cosas. Algunas veces la gente le hacía preguntas.

Un día, una persona le preguntó qué era lo más importante en esta vida, a lo que él le contestó: "Tú ya lo sabes."

"Es cierto. Lo sé. Es amar a Dios y amar a tu prójimo como a ti mismo." La persona hizo una pausa por un momento y pensó. Entonces, le hizo otra pregunta: "Pero, ¿quién es mi prójimo?"

Entonces, la persona a la que le había preguntado, respondió con esta parábola.

Saque de la caja la figura de la persona que está haciendo su viaje y colóquelo en la punta del camino junto a Jerusalén y por lo tanto, a usted. Comience a moverlo lentamente a lo largo del camino, hacia los niños, mientras habla.

Había una vez alguien que fue de Jerusalén a Jericó. Mientras iba por el camino, fue atacado por ladrones. Ellos lo hirieron, quitándole todo lo que tenía y lo dejaron medio muerto al costado del camino.

Jugar Junto a Dios   *La Parábola del Buen Samaritano*

MOVIMIENTOS	DIÁLOGO
Saque a los ladrones desde atrás de las rocas y colóquelos en una "X" sobre los ladrones. Luego mueva a los ladrones hacia afuera del tapete, de regreso a la caja o déjelos a su lado. Cuando diga "medio muerto" coloque al viajero boca abajo. Está al costado del camino junto a una de las "rocas."	
Mueva al sacerdote lentamente desde Jerusalén por el centro del camino. No se apresure.	Había también un gran sacerdote del templo que iba por el camino de Jerusalén a Jericó. Mientras caminaba, llegó al lugar donde habían herido a la persona, le habían robado y dejado medio muerto junto al camino.
Cuando el sacerdote llegue hasta donde está el viajero herido, mueva al sacerdote lentamente, rodeando al viajero, y siga por el camino. Cuando el sacerdote pase al viajero, muévalo nuevamente al centro del camino y llévelo hacia Jericó. Finalmente, quítelo del tapete.	Cuando el sacerdote llegó junto a él, lo rodeó y siguió su camino.
Mueva al Levita lentamente por el centro del camino. Cuando llegue al viajero, muévalo hacia el otro lado del camino y pase al viajero. Cuando el Levita lo haya pasado, regréselo al centro del camino y luego quítelo del tapete.	También había alguien que trabajaba en el templo, y que iba por el camino de Jerusalén a Jericó. El era una de las personas que ayudaba a los sacerdotes. Cuidaba el templo y ayudaba con la música. Estas personas eran llamadas Levitas.

Cuando el Levita llegó adonde estaba el viajero herido, al que le habían quitado todo y dejado a un lado del camino medio muerto, se hizo a un lado, rodeándolo y siguió su camino. |
| *Mueva al Samaritano lentamente por el camino, hasta que llegue adonde está el viajero lastimado.* | Había también una persona que iba por el camino, que no vivía en Jerusalén. El estaba de visita, venía de un lugar llamado Samaria. A las personas de Samaria nos les gustaban las personas de Jerusalén, y a las personas de Jerusalén no les gustaban las personas de Samaria. |
| *Mueva al Samaritano hacia el viajero.* | Cuando el extraño llegó hasta donde estaba la persona herida a la que le habían quitado todo y que habían dejado medio muerta a un lado del camino, se le acercó. |

MOVIMIENTOS

Luego busque dentro de la caja y saque la "pieza de cubierta" que muestra al Samaritano poniendo una capa sobre el viajero lastimado. Coloque la tarjeta sobre las figuras del Samaritano y el viajero

DIÁLOGO

El extraño le puso medicamentos en donde lo habían lastimado. También le dio una capa para abrigarlo. Luego lo montó en su burro y lo llevó a un lugar donde pudiera pasar la noche.

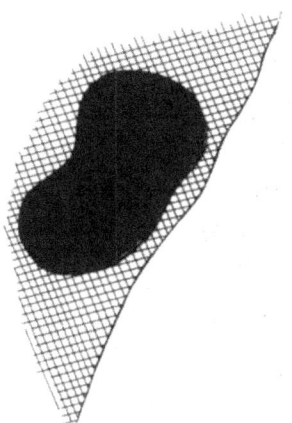 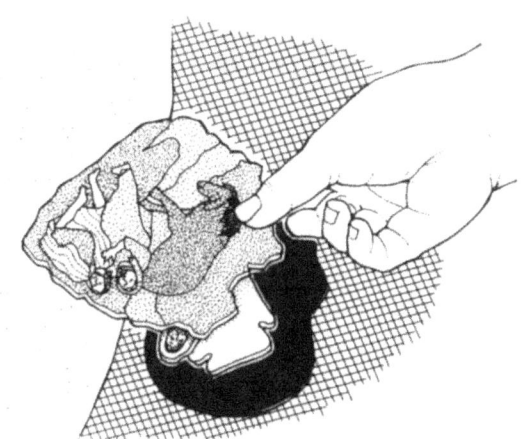

COLOCANDO LA "PIEZA DE CUBIERTA" (PERSPECTIVA DEL NARRADOR)

Mueva al extraño y al viajero con la tarjeta sobre ellos a lo largo del camino hasta las afueras de Jericó.

Siéntese y reflexione en toda parábola. Mientras hace esto, ponga las figuras en una línea a su izquierda sobre el tapete cerca de usted. Coloque al viajero lejos de usted y de las otras figuras, pero también sobre el tapete. Usted va a colocar diferentes figuras junto al viajero y a preguntar quien es el prójimo.

Coloque al sacerdote junto al viajero. Haga la primera pregunta. Espere. Repita para el Levita y los ladrones. Finalmente, coloque al Samaritano. Los niños pueden no estar de acuerdo, pero usualmente no hay dudas respecto a quien es el prójimo. Prosiga.

Además, el extraño se quedó con él toda la noche para cuidarlo, y en la mañana le dio dinero al dueño del lugar para que el herido se quedara ahí hasta que se recuperara.

Ahora me pregunto, ¿quién es el prójimo de la persona herida a la que le quitaron todo y a quien dejaron medio muerta a un lado del camino?

Me pregunto, ¿será éste? ¿O éste? ¿Podría ser éste? ¿O me pregunto si será éste?

MOVIMIENTOS	*DIÁLOGO*
Mueva al viajero para reunirlo con las otras figuras a su izquierda. Ponga uno de los ladrones en el lugar donde estaba el viajero. Mueva al sacerdote junto al ladrón. Trate con el Levita. Alguno de los niños ya puede haber sugerido que intente con el otro ladrón. Luego haga lo mismo con el Samaritano. El único que puede crear la mayoría de las discusiones es el viajero.	Me pregunto ¿quién fue el prójimo de éste? ¡Ah! ¿Ahora no es tan fácil, verdad? ¿Podría ser éste? ¿Qué tal éste? ¿Qué tal éste? ¿Y éste?
Mueva al sacerdote hacia el lugar de las comparaciones. Algunos podrán pensar que el Levita es su prójimo ya que trabaja para el sacerdote. Puede generarse bastante discusión al respecto.	¿Quién es el prójimo para éste?
Intente con diferentes combinaciones de las figuras, siempre preguntando:	¿Quién es el prójimo para éste?
Cuando haya intentado todas las combinaciones de las figuras, empiece con la última tanda de preguntas. Todas las figuras aún deben permanecer alineadas en el tapete.	Ahora me pregunto ¿qué pasaría si las personas en la parábola fueran mujeres y no hombres?
Cuando las preguntas acerca del cambio de hombres a mujeres comiencen a disminuir, pregunte acerca de los niños. Los niños necesitan saber que al ir a buscar ayuda también se está ayudando.	¿O qué pasaría si la persona qué encuentra al herido fuera una niña o un niño?
Recoja cada figura, una a la vez, y colóquela cuidadosamente de regreso en la caja. Coloque el camino y las piezas de fieltro negras en la caja, luego doble el tapete de base y guárdelo en la caja también.	Aquí está el viajero. El Samaritano. El sacerdote. El Levita. Los dos ladrones. Las rocas. La ciudad y la posada. El camino.
Camine lentamente hacia los estantes de las parábolas y regrese la caja a su lugar. Ayude a los niños a decidir en qué van a trabajar durante el tiempo de respuesta.	Ahora observen con atención, adonde guardo estos materiales, así siempre sabrán donde encontrar esta parábola.

LECCIÓN 8
LA PARÁBOLA DE LA PERLA DE GRAN VALOR

NOTAS DE LA LECCIÓN
ENFOQUE: EL MERCADER Y LA PERLA DE GRAN VALOR (MATEO 13:45)
- ACCIÓN LITÚRGICA
- PRESENTACIÓN CENTRAL

EL MATERIAL
- LOCALIZACIÓN: ESTANTES DE PARÁBOLAS
- PIEZAS: CAJA DE PARÁBOLAS CON UN PUNTO BLANCO, 5 SITIOS RECTANGULARES DE COLOR MARRÓN, 2 FIGURAS (EL MERCADER Y EL VENDEDOR), POSESIONES DEL MERCADER (DINERO, COFRE, CAMA, VELA, JARRÓN, SILLA, ESCABEL)
- BASE: BLANCA

ANTECEDENTES
En los evangelios canónicos, esta parábola se encuentra solamente en Mateo 13:45. Otra versión de la parábola puede ser encontrada en el Evangelio de Tomás (Evangelio de Tomás, 76)

NOTAS SOBRE EL MATERIAL
Encontrará los materiales en una caja dorada de parábolas con un punto blanco, localizada en el estante superior de uno de los estantes de parábolas. Dentro de la caja hay un tapete de base blanco con la forma de un círculo. Hay dos figuras, el vendedor, sentado a la mesa, y el mercader.

Cinco formas de fieltro marrón que dibuja un "contorno" rectangular, de diferentes tamaños representando casas, pueblos, países, mundos—lugares para vivir u otras realidades. Estos contornos rectangulares están vacíos, con una abertura en cada uno de ellos. Dentro de uno de estos contornos, coloque al vendedor en la mesa.

Dentro de otro, coloque una variedad de bienes: una cama, un cofre, bolsas de oro, una silla, el escabel, la vela, un jarrón y otras cosas. Estas son las posesiones con las cuales el mercader negociará un intercambio, por la perla de gran valor.

Una pequeña caja dorada conteniendo tres perlas, cada una de diferente tamaño. (Colocar algodón en la caja, ayuda a mostrar que las perlas son importantes.) Mientras se desarrolla la historia usted colocará una perla en la mesa del sitio del vendedor y las otras dos perlas en dos de los contornos rectangulares vacíos. Uno de los contornos, permanecerá totalmente vacío.

NOTAS ESPECIALES

Consejos de Narración: Cuando usted narre esta historia, estará tentado de utilizar la perla más grande como la perla de gran valor. En vez de esto, utilice otra de las perlas, porque el valor no se mide por el tamaño. Esté preparado para las preguntas de los niños acerca de este tema. Los niños en su mayoría tienen la opinión de que las cosas más grandes tienen más valor que las pequeñas; por ejemplo, ellos pueden pensar que los adultos son más importantes que los niños. Además, nuestra cultura también pone por ejemplo a las cosas grandes para admirarlas, desde casas grandes, autos grandes, hasta grandes cuentas bancarias.

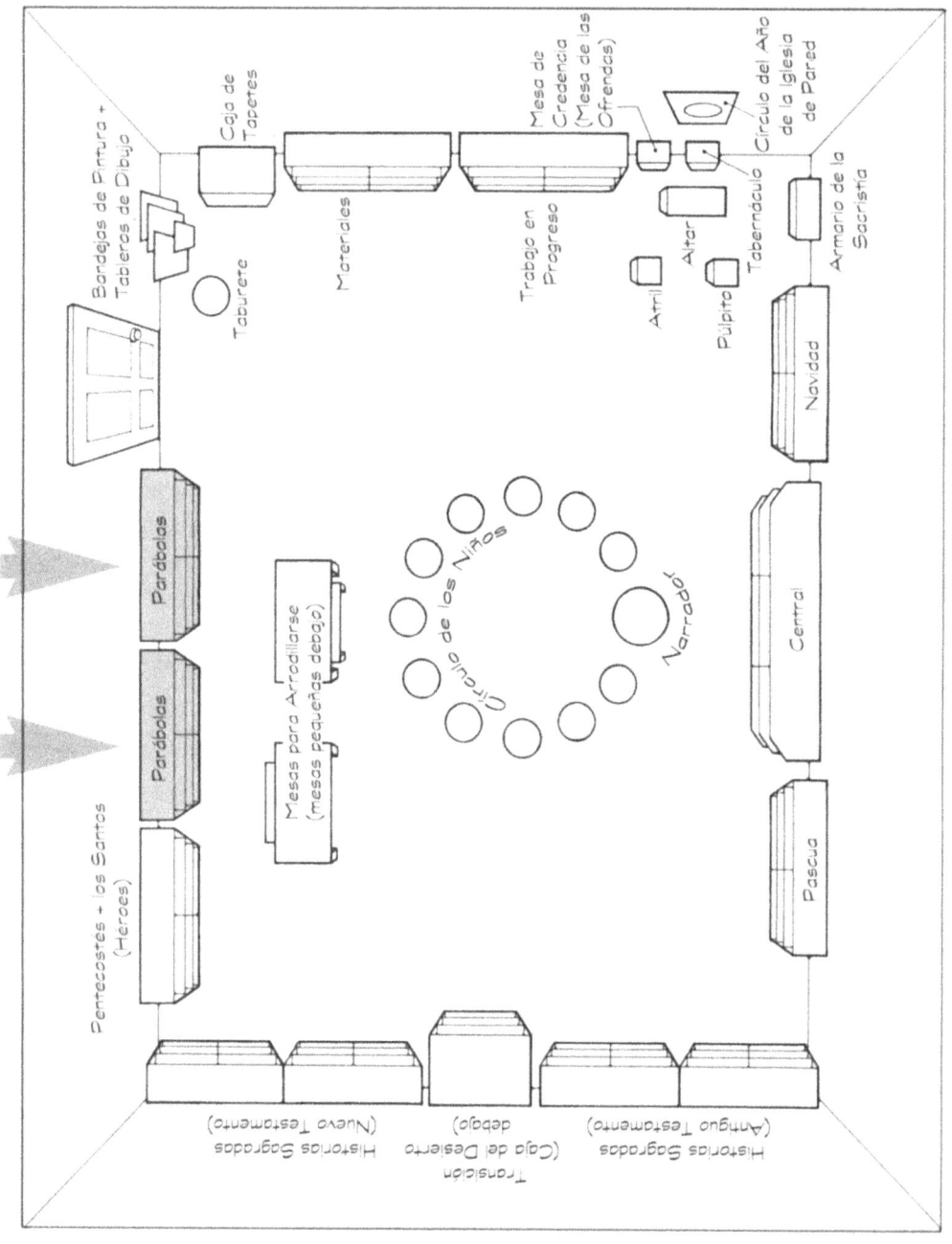

DONDE ENCONTRAR LOS MATERIALES

MOVIMIENTOS	DIÁLOGO
Vaya a los estantes de las parábolas y tome la caja dorada con el punto blanco. Señale el punto, pero no necesita decir nada a los niños acerca del mismo.	Miren atentamente hacia adonde voy así siempre sabrán dónde encontrar los materiales de esta lección.
Lleve la caja hasta el círculo de los niños. Colóquela en el centro. Tóquela con interés y placer mientras introduce los materiales a los niños.	¿Me pregunto si podrá haber una parábola dentro de la caja? Es dorada. Debe haber algo importante adentro. Las parábolas son muy importantes, así que debe haber una dentro de esta caja.

Las parábolas son muy antiguas, y esta caja también luce muy antigua. Tal vez hay una parábola dentro de ella.

¿Sabían que las parábolas les fueron dadas a ustedes antes de que nacieran? Esta caja luce como si fuera un regalo. Las parábolas son regalos, así que debe haber una parábola adentro.

Miren esta tapa. A veces, las parábolas tienen tapas, como una puerta que está cerrada. La tapa nos mantiene afuera de una parábola. No sé por qué. Esto ocurre a veces aunque estén preparados, así que no se desanimen. Vuelvan a intentarlo, y un día la parábola se abrirá a ustedes. |
| *Mueva la caja de parábolas del medio del círculo de niños hasta su lado. Saque la tapa y reclínela del lado que mira a los niños. Esto ayuda a que los niños se enfoquen en lo que ya está expuesto y no se preocupen por lo que está por sacar de ella. También mantiene el misterio sobre lo que hay dentro de la caja.* | Tengo una idea. Vamos a mirar adentro de esta caja y veamos si hay allí una parábola. |
| *Saque el tapete de base. Déjelo arrugado en el medio del círculo por unos pocos momentos mientras comienza con las preguntas de qué podría ser realmente. Mientras continúa con las preguntas, alíselo.* | Miren esto. Es algo. No sé si es una parábola o no. Bueno, al menos podemos ver que es muy blanco. No tiene nada por ningún lado, todo es blanco.

¿Me pregunto qué podrá ser esto realmente? Si, parece una bola de nieve. Está fría. ¿Me pregunto qué más podría ser? Podría ser la luna, ¿no creen? ¿Me pregunto qué podrá ser esto realmente? |

MOVIMIENTOS	DIÁLOGO
Cuando las preguntas sobre el tapete estén terminando, saque las piezas rectangulares marrones una por una. Al principio, usted no será capaz de identificar cuál ha sacado porque están arrugadas. Tómelas al azar. Esto le ayuda con su propio sentido de la parábola. Usted tendrá una configuración diferente, insospechada, cada vez que lo haga.	¿Me pregunto que podrá ser esto? Es marrón. Pero en la parábola, ¿qué podrá ser?
Ponga su dedo en la esquina de una figura y tire uno de los lados desde ese punto. Coloque su dedo en la esquina siguiente y tire de la siguiente pieza para extenderla y alisarla. Haga esto con cada una de ellas. Esta es una forma de organizar la instalación de las figuras y lo ayuda a alisarlas. Coloque cada pieza marrón en un lugar diferente del tapete blanco.	Hummmm. Esto es extraño. ¿Irán juntas?
Coloque al comerciante y los contenidos de su casa en la figuras rectangular marrón que está más lejos de usted. Ese contenido incluye: bolsas de dinero, silla, un cofre, vela, su cama, y otras cosas de la casa o personales. Coloque al vendedor y su mesa en la figura rectangular marrón más grande cercana a usted. Le quedarán tres figuras sin nada en ellas.	Oh, esto nos va a ayudar.
Saque la pequeña caja dorada que tiene las tres perlas adentro. Espere un momento y luego ábrala misteriosamente. Silenciosamente coloque una perla en la mesa enfrente del comerciante. Coloque otra perla en uno de los espacios rectangulares que están vacíos.	
	Veamos si hay algo más aquí dentro que nos pueda ayudar.
	No, no hay nada más. Todo lo que podemos hacer es comenzar.

MOVIMIENTOS   DIÁLOGO

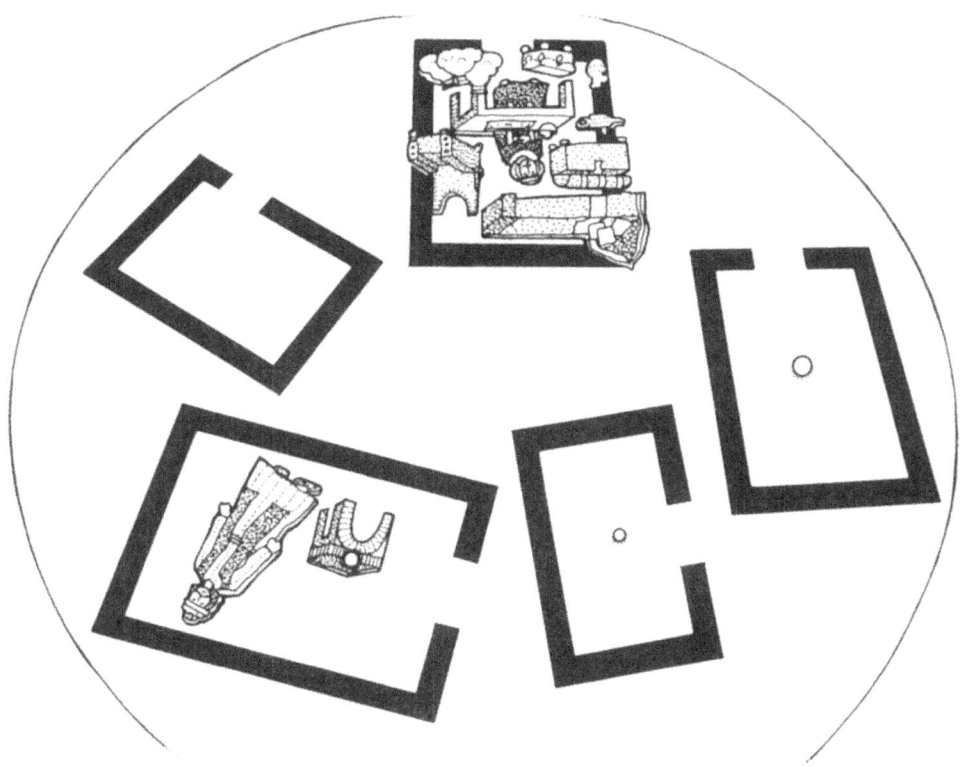

PARÁBOLA DE LA PERLA DE GRAN VALOR (PERSPECTIVA DEL NARRADOR)

Siéntese por un momento. Reflexione silenciosamente en todo lo que tiene frente a usted. Espere hasta que usted y los niños estén preparados.

Había una vez alguien que dijo cosas tan maravillosas e hizo cosas tan sorprendentes que la gente lo siguió. Mientras lo seguían, le oyeron hablar de un reino, pero que ese reino no era donde ellos vivían. Era un reino diferente a cualquiera que ellos hubiesen visitado. Era un reino diferente a cualquiera del que ellos alguna vez hubiesen oído.

Le tuvieron que preguntar entonces como era el reino de los cielos. Una vez cuando le preguntaron él les contestó: "El reino de los cielos es como una persona que compra y vende perlas finas, un comerciante, en su búsqueda de la perla de gran valor.

Mueva al comerciante afuera de la puerta de su casa y llévelo para que se detenga brevemente en cada uno de los otros lugares (los contornos marrones.) Tome la perla cuando halle una, y acérquela a sus ojos (por el comerciante) e inspecciónela. Regrésela y niegue con la cabeza. Esta no es la de gran valor. Finalmente, el comerciante

MOVIMIENTOS

DIÁLOGO

llega al lugar donde está el vendedor sentado tras la mesa. Sobre la mesa está la perla de gran valor. Tómela y asienta con la cabeza.

El comerciante deja la perla sobre la mesa del vendedor. Va hacia su casa y trae la bolsa con el dinero.

"Cuando encontró la perla de gran valor, él fue..."

Luego, va a su casa de nuevo y regresa con el baúl. El también trae la silla, el jarrón, la vela... todo menos su cama. Finalmente, regresa para llevarse la última cosa de su casa, su cama. Entonces regresa a su casa, pliega la cama y la lleva a la casa del vendedor.

"... y cambió..."

El comerciante regresa entonces a su casa vacía. Déjelo allí con la perla, en el centro de su antiguo hogar. Coloque la perla sobre el comerciante.

"...todo lo que tenía por la perla de gran valor."

Debe haber silencio mientras se hacen todos los movimientos de mercancías. No se apresure. Oiga las preguntas y exclamaciones de los niños. No se detenga hasta que termine la sentencia con la frase, "todo por la perla de gran valor."

Siéntese y descanse por un momento antes de comenzar con las preguntas. Prepárese para sus propias interrogantes. Tiene que venir desde su interior para ser real.

¿Me pregunto si esa persona fue feliz con la perla de gran valor?

¿Me pregunto qué es lo que va a hacer el comerciante ahora?

¿Me pregunto por qué el vendedor estaba dispuesto a vender algo tan precioso?

¿Me pregunto si el vendedor estará feliz con todas sus cosas?

¿Me pregunto si el vendedor tendría un nombre?

MOVIMIENTOS	DIÁLOGO
	¿Me pregunto si el comerciante tendría un nombre?
	Ahora, ¿me pregunto qué podrá haber sido realmente la perla de gran valor?
	¿Qué podrá ser tan valioso para que una persona quiera cambiar todo lo que tiene por eso?
	¿Me pregunto si ha estado usted cerca de una perla tan valiosa?
	¿Me pregunto dónde podrá estar realmente un lugar como este?
Cuando las preguntas concluyan, recoja todas las piezas de la parábola y regréselas a la caja. No se apresure. Nombre cada una mientras las guarda.	Aquí está la perla de gran valor. Aquí están las otras dos perlas. Aquí están todas las cosas del comerciante. Aquí están los lugares. Aquí está el vendedor, y aquí el comerciante.
Regresa la caja de la parábola a los estantes y vuelva lentamente hacia el círculo. Siéntese para ayudar a los niños a decidir que trabajo harán el día de hoy.	

LECCIÓN 10
LA PARÁBOLA DEL SEMBRADOR

NOTAS DE LA LECCIÓN
ENFOQUE: EL SEMBRADOR Y LA SEMILLA (MATEO 13:1-9)
- PARÁBOLA
- PRESENTACIÓN CENTRAL

EL MATERIAL
- LOCALIZACIÓN: ESTANTES DE PARÁBOLAS
- PIEZAS: CAJA DE PARÁBOLAS CON PUNTO MARRÓN CLARO, CAJA DORADA DE PÁJAROS, 3 IMÁGENES DE TIERRA (TIERRA ROCOSA, ESPINAS Y TIERRA FÉRTIL) 3 BOLSAS DE GRANO, 1 SEMBRADOR
- BASE: MARRÓN CLARO

ANTECEDENTES
Encontramos esta parábola en los tres evangelios sinópticos y en el Evangelio de Tomás (Marcos 4:1—9; Mateo 13:1—9; Lucas 8:4—8; Evangelio de Tomás 9). La parábola, la cual describe la promesa de Jesús de cosecha abundante, es seguida de una alegoría que expresa las preocupaciones de la Iglesia del primer siglo.

NOTAS SOBRE EL MATERIAL
Encontrará los materiales en una caja de parábolas dorada con un punto marrón claro, localizada en el estante superior de los estantes de parábolas. El tapete de base es una tira larga de color marrón. Hay tres piezas individuales con imágenes representando el suelo rocoso, las espinas y la tierra fértil. Mientras narra la parábola, muestre la imagen que se corresponde con el tipo de suelo o tierra que está describiendo. Tres bolsas de grano, de tamaños crecientes, representan las cosechas de treinta, sesenta y cien medidas. También hay una pequeña caja dorada llena de pájaros y la figura del sembrador.

NOTAS ESPECIALES
Consejos de Narración: Usted encontrará que las introducciones de cada parábola son muy similares. Usted no necesita repetir las palabras exactamente cada vez que narre las lecciones, pero trate de hacer sus introducciones muy similares. Esta repetición tiene el mismo cometido que la frase "Había una vez" en muchas historias. Las palabras familiares son una señal de que algo fuera de lo común está por suceder.

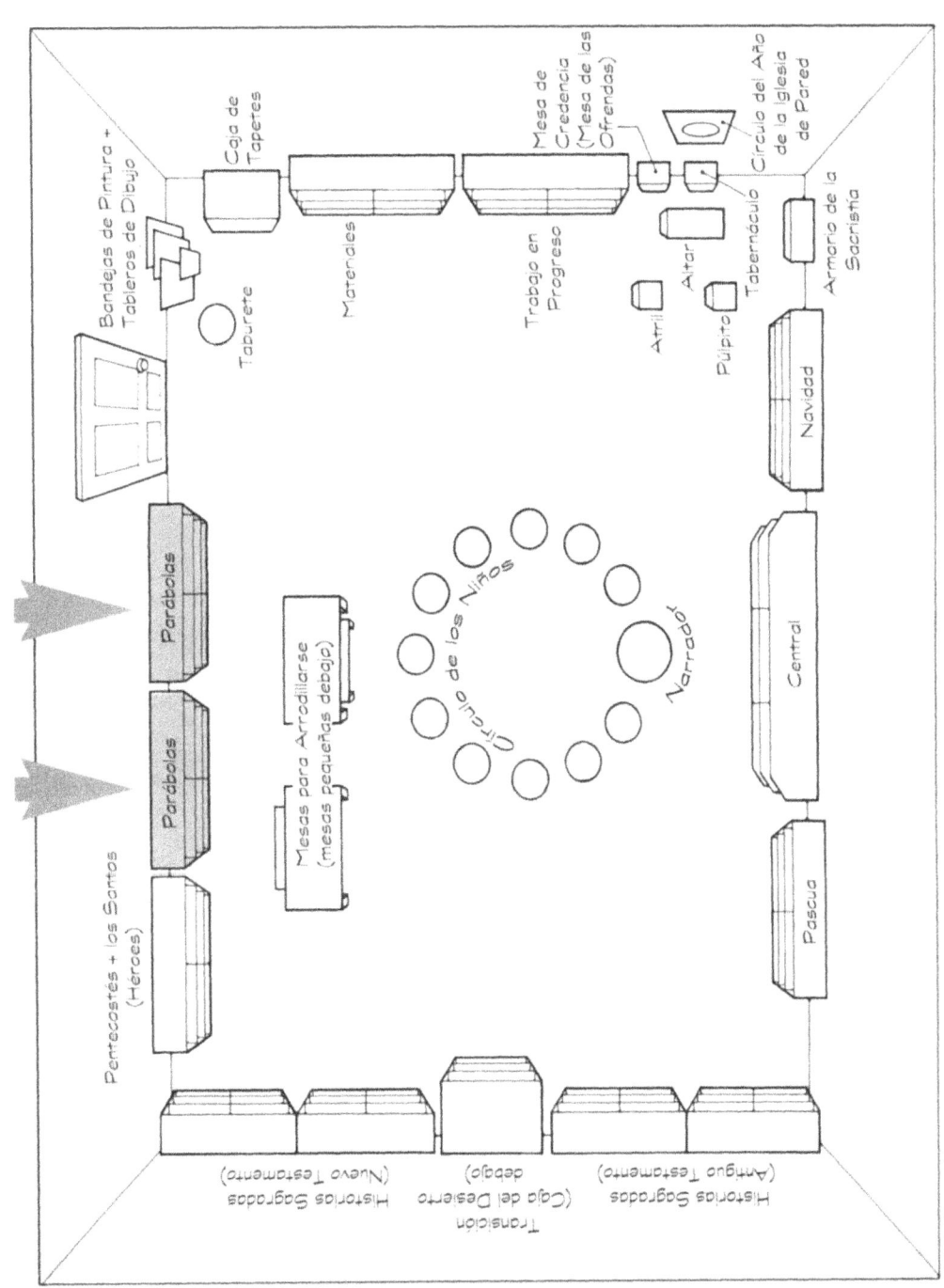

DONDE ENCONTRAR LOS MATERIALES

La Parábola del Sembrador 103

MOVIMIENTOS

Vaya hasta los estantes de parábolas y tome la caja dorada. Señale el punto marrón claro sobre la caja que la identifica. Traiga la caja de la parábola al círculo de los niños.

Siéntese y reflexione por un momento sobre que puede haber adentro. Este no es un ejercicio hipotético sobre la parte del narrador. Usted no tiene una garantía de que lo que hay en la caja es una parábola. Como usted mismo se lo dice a los niños, las parábolas no se entienden fácilmente si usted no está preparado. Aunque esté preparado, hay días en que usted no encontrará a la presentación como una parábola

Después de utilizar algunas o todas estas introducciones, siéntese un momento y reflexione otra vez, sobre si hay una parábola dentro de la caja. Después de un momento o dos, usted parecerá tener una idea.

Mueva la caja desde enfrente de usted hacia su lado. Saque la tapa e inclínela sobre la caja hacia el lado donde los niños están sentados en el círculo. Esto los ayudará a mantenerse enfocados en los que es presentado en vez de lo que está por salir de la caja, y también mantiene el misterio sobre la caja.

Saque el tapete de base. Déjelo en un montón arrugado en el medio del círculo. Mientras habla sobre el mismo, comience a alisarlo.

DIÁLOGO

Miren adonde voy para traer los materiales.

Miren, la caja es de color dorado. Adentro debe haber una parábola porque las parábolas son tan valiosas, o hasta más valiosas que el oro.

La caja también luce como un regalo. Las parábolas son regalos. Ellas les fueron regaladas a ustedes antes que nacieran. Ellas son de ustedes, aunque no sepan que son.

La caja parece antigua, y las parábolas también son antiguas. Tal vez hay una dentro.

¿Pueden ver la tapa? Es como una puerta cerrada. A veces, las parábolas parecen cerradas para nosotros, aunque ustedes estén preparados para entrar en ellas. Necesitan seguir volviendo a ellas, y algún día ellas se abrirán.

Ya sé lo que vamos a hacer. Vamos a mirar dentro de la caja y ver si hay una parábola dentro.

Me pregunto, ¿qué podrá ser esto realmente? No se parece a nada por ahora. Hum. Ciertamente es marrón. Es marrón por todos lados.

Veamos si hay algo más aquí adentro que nos pueda ayudar a comenzar la parábola.

MOVIMIENTOS	DIÁLOGO
	Hay muchas cosas aquí que nos pueden ayudar a contar esta parábola, pero no hay nada que nos ayude a prepararnos. Todo lo que podemos hacer es comenzar.
	Había una vez alguien, que hizo cosas tan asombrosas y dijo cosas tan maravillosas, que la gente lo siguió. Mientras lo seguían, le oyeron hablar de un reino. El reino no era como en el que vivían. No era como ninguno ellos hubiesen visitado. No era como ninguno que del que hubiesen oído siquiera. Así que le preguntaron. ¿Cómo es el Reino de los Cielos?
Tome al sembrador de la caja y colóquelo sobre el tapete a su derecha, mirando hacia los niños.	Un día cuando le preguntaron, el les dijo, "El reino de los cielos es como cuando un sembrador, alguien que planta semillas, sale y las dispersa por el camino."
Mueva al sembrador a lo largo de la tira marrón, sacando semillas desde su cesta con su mano, y sembrándolas a lo largo del tapete de derecha a izquierda. El sembrador se detiene.	
Tome la caja dorada llena de pájaros desde la caja de la parábola. Colóquela sobre el tapete entre usted y el "camino." Saque la tapa cuidadosamente.	"Mientras el sembrador plantaba las semillas a lo largo del camino, vinieron los pájaros …"
Saque a los pájaros de uno en uno y colóquelos a lo largo del tapete (lejos de usted) desde su derecha a izquierda. Estos son los pájaros que vienen a comer las semillas.	"… y se comieron las semillas."
Saque la figura del suelo rocoso y colóquelo a la izquierda de los pájaros que usted ha alineado a lo largo del tapete lejos de usted. Mueva al sembrador a lo largo de esa pieza, sembrando semillas desde el cuenco entre las piedras.	"El sembrador también plantó semillas entre las piedras."
El empuje hacia abajo de las raíces puede ser expresado con sus manos abriéndolas y tratando de empujar sus dedos entre las piedras.	"Cuando las semillas trataron de llevar a sus pequeñas raíces hacia abajo, entre las piedras, no pudieron abrirse camino hacia dentro la tierra."
	"Cuando salió el sol las quemó y las semillas murieron."

MOVIMIENTOS	*DIÁLOGO*
Coloque la figura de las espinas a la izquierda de las piedras. Mueva al sembrador a lo largo de las espinas, sembrando mientras lo hace.	"El sembrador también plantó semillas entre las espinas."
La asfixia se puede expresar por sus manos. Apriete ambos puños y retuérzalos.	"Cuando las semillas trataron de pasar sus pequeñas raíces por entre las espinas, sólo pudieron abrirse una poco de camino, pero las espinas las ahogaron y murieron."
Ponga la figura de la tierra fértil a la izquierda de las espinas. Mueva al sembrador a lo largo de la tierra fértil y siembre semillas con sus manos, sacándolas desde el cuenco que lleva el sembrador.	"El sembrador también plantó semillas en la tierra fértil."
Utilice sus dedos de nuevo para mostrar a las raíces metiéndose en la tierra.	"Cuando las semillas empujaron sus pequeñas raíces hacia la tierra fértil, pudieron abrirse camino y enterrarse. Y crecieron y crecieron."
Mueva su mano extendida sobre la tierra fértil, para mostrar el corte del grano maduro durante la cosecha.	"Cuando habían crecido totalmente, ya estaban maduras para la cosecha. Fueron cosechadas y recogidas."
Saque de la caja las figuras para los treinta, sesenta y cien por uno, y colóquelos desde su derecha hacia la izquierda, en orden ascendente a la vez que se alejan de usted. "Llénelo" sacando la cosecha con sus manos y poniéndola dentro de los recipientes, asegurándose que el lado de la ilustración mira hacia los niños.	"Las cosechas fueron de treinta, sesenta y cien por uno."
Haga una pausa por un momento después de poner los recipientes de la cosecha. Prepárese para las preguntas. Cuando usted y los niños estén preparados, comience.	
Mueva al sembrador hacia el medio.	Ahora, me pregunto, ¿tendría un nombre esta persona?
	¿Quién podrá haber sido esta persona en realidad?
	¿Se habrá puesto feliz esta persona cuando los pájaros bajaron y comieron las semillas?

| MOVIMIENTOS | DIÁLOGO |

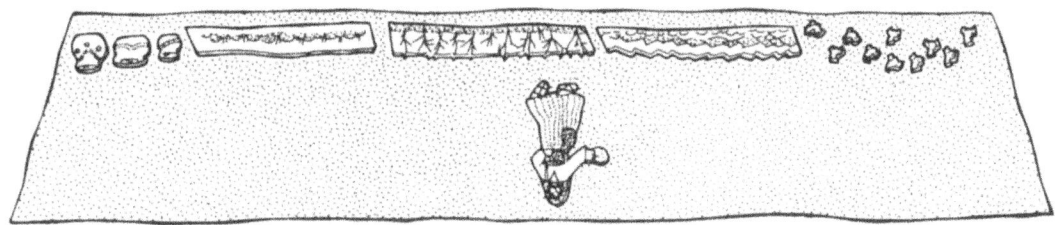

LA PARÁBOLA DEL SEMBRADOR (PERSPECTIVA DEL NARRADOR)

	¿Me pregunto si los pájaros estaban felices cuando vieron al sembrador?
	¿Tendrán nombres estos pájaros?
Mueva al sembrador desde la derecha a la izquierda mientras pregunta.	Me pregunto, ¿qué estaría haciendo la persona cuando las semillas no pudieron enterrar sus pequeñas raíces entre las piedras?
	Y me pregunto, ¿qué estaría haciendo la persona cuando las pequeñas semillas se ahogaron entre las espinas?
	¿Y qué estaría haciendo cuando las semillitas estaban creciendo en la tierra fértil?
	Me pregunto, ¿cómo sería la cosecha realmente?
Mueva la figura de las espinas arriba de la figura de las piedras y luego coloque la figura de la tierra fértil arriba de las espinas. Luego, mueva los 30 celemines a la izquierda de las piedras; los 60 celemines a la izquierda de las espinas, y los 100 celemines a la izquierda de la tierra fértil.	¿Fue así?
Ponga los 30 celemines junto a la tierra fértil, los 60 celemines junto a las piedras, y los 100 celemines junto a las espinas. Continúe moviendo las cestas de la cosecha, hasta que complete todas las combinaciones posibles.	¿O pudo haber sido así realmente?
Devuelva todo a su lugar correspondiente. Luego mueva las bolsas de la cosecha al medio entre usted y las tiras de tierra. Toque cada bolsa mientras pregunta como fue utilizada la cosecha.	Me pregunto, ¿qué semillas habrá usado el sembrador?
	¿Qué habrá vendido el sembrador?
	¿Qué habrá guardado el sembrador para comer?

MOVIMIENTOS

DIÁLOGO

¿Me pregunto si se habrá sorprendido el sembrador en la cosecha?

¿Qué habrá sorprendido más al sembrador?

Cuando las preguntas vayan terminando, comience a regresar todas las piezas de la parábola cuidadosamente e la caja de la parábola. Nómbrelas mientras lo hace. Diga a los niños que comiencen a pensar en que van a trabajar en su tiempo de respuesta.

Aquí están los pájaros.
Etc.

Cuando todo esté guardado, regrese la caja de la parábola a su estante. Regrese al círculo con los niños y ayúdelos a decidir en que van a trabajar en el día de hoy.

LECCIÓN 11
LA PARÁBOLA DE LA LEVADURA

NOTAS DE LA LECCIÓN
ENFOQUE: LA MUJER Y LA LEVADURA (MATEO 13:33; LUCAS 13:20-21)
- PARÁBOLA
- PRESENTACIÓN CENTRAL

EL MATERIAL
- LOCALIZACIÓN: ESTANTES DE PARÁBOLAS
- PIEZAS: CAJA DE PARÁBOLAS CON PUNTO COLOR CANELA; CAJA CONTENIENDO HOGAZA DE PAN (UNA PIEZA SIN LEUDAR Y OTRO LEUDADA) Y TRES TAZONES DE HARINA; CAJA CON LEVADURA DORADA TRIANGULAR
- BASE: COLOR CANELA

ANTECEDENTES
La Parábola de la Levadura se encuentra en Mateo 13:33 y en Lucas 13:20-21. Muchos años atrás, una pequeña niña de más o menos cinco años, descubrió lo que muchas personas se pierden hoy en día acerca de esta parábola. Cuando estaba comentando en su arte expresivo, dijo, "La señora es Moisés, y el pan no es *matzo*." *Matzo*, el pan de la Pascua Judía, no lleva levadura.

En el español moderno, el término "levadura" tiene una connotación positiva, pero en la literatura antigua, excepto por la parábola de Jesús, la connotación era universalmente negativa. Era una señal de corrupción moral, porque la fermentación es un proceso de putrefacción en la masa. La levadura era hecha almacenando un pedazo de pan en un lugar oscuro y húmedo hasta que se formaba el moho.

Los niños no saben acerca de esta interpretación ancestral de la levadura, así que la parábola se define por sus propios términos frente a ellos como una revelación.

NOTAS SOBRE EL MATERIAL
Encontrará los materiales en una caja de parábolas dorada con un punto de color canela, localizada en el estante superior de uno de los estantes de parábolas. El tapete de base es de color canela, con una forma de una hogaza de pan leudada.

La hogaza de pan en la parábola viene en pedazos. Primero, hay una pieza ancha y chata con una forma alta y redondeada encima. Esto es así porque la pieza sin leudar se pone primero, la levadura se coloca debajo, y luego la pieza redondeada sobre la levadura cuando la hogaza es leudada. El tapete de base, entonces, sugiere, las hogazas con y sin levadura.

Hay tres tazones con harina. La figura de la mujer se extiende desde su forma hasta una mesa en la cual se colocan las otras cosas. La levadura es un pequeño triángulo dorado.

NOTAS ESPECIALES

Consejos de Narración: Por favor coloque la levadura en su propia y misteriosa pequeña caja. El resto de los objetos de la parábola – el pan sin leudar, el leudado y los tres tazones con harina – pueden ser puestos juntos en otra pequeña caja, colocada dentro de la caja de la parábola dorada que contiene también el tapete de base.

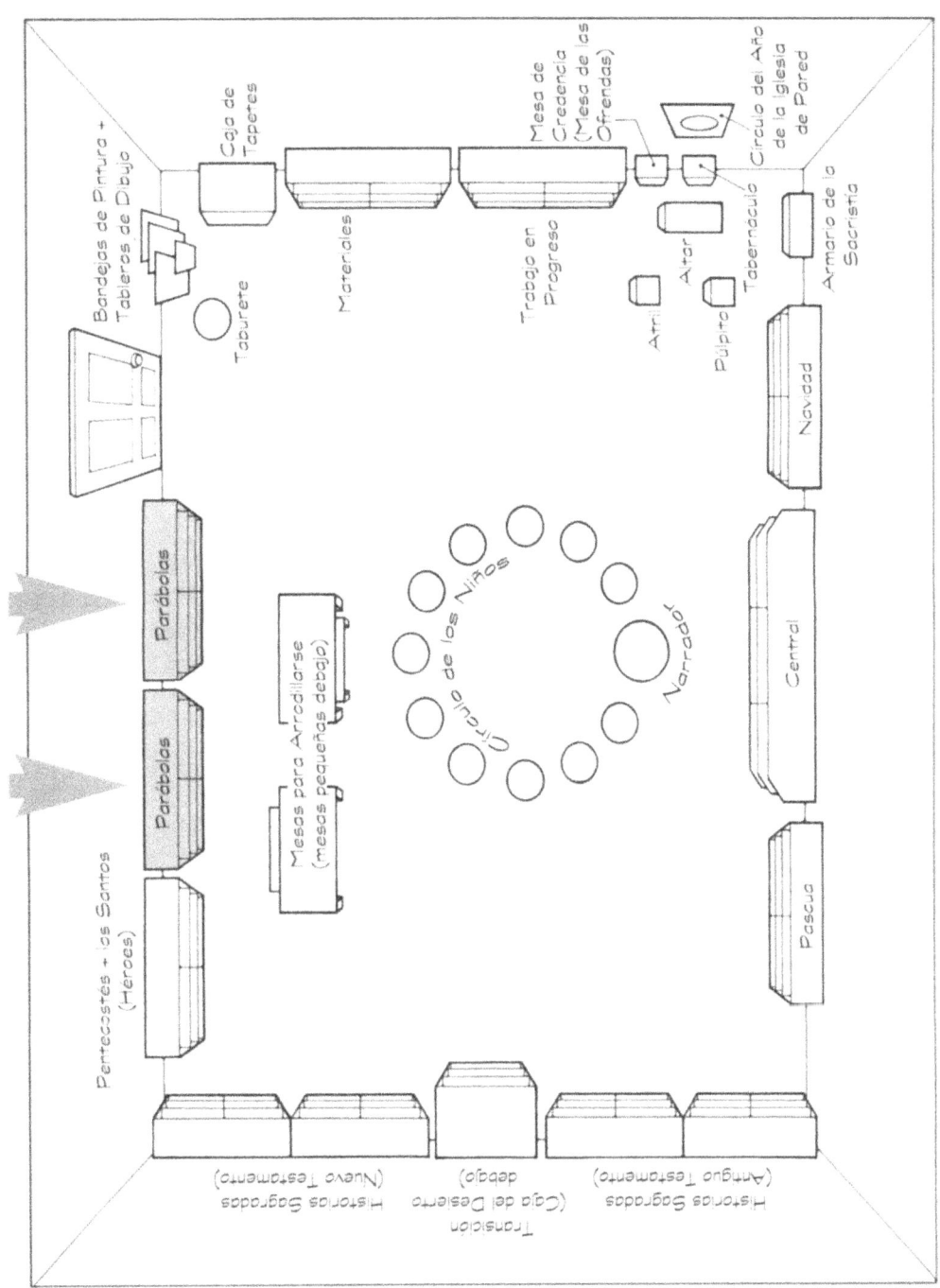

DONDE ENCONTRAR LOS MATERIALES

MOVIMIENTOS	DIÁLOGO
Primero vaya a los estantes de las parábolas y tome la caja con el pequeño círculo canela. Canela también es el color del tapete de base de esta parábola. Usted no necesita decir nada. Señale el pequeño círculo.	
Traiga la parábola al círculo de los niños y colóquela en el medio para preguntarse acerca de la caja y su contenido.	Ahora vamos a ver. La caja es de color dorado. Algo valioso debe haber adentro. Las parábolas son muy valiosas, hasta más valiosas que el oro, así que tal vez hay una parábola dentro.

La caja luce como un regalo. Las parábolas son como regalos. Ellas les fueron dadas a ustedes antes de que nacieran. Ellas son suyas. Ustedes no necesitan tomarlas. Son suyas aunque no sepan que es lo que son.

La caja tiene una tapa. Y ella los detiene. Verán, a veces, aunque ustedes estén realmente preparados, es difícil entender una parábola. Ellas son así. No se porque. No se desanimen si no pueden encontrar el camino para entenderla. Siempre vuelvan a intentarlo, y un día la parábola se abrirá a ustedes.

Tengo una idea. Vamos a ver que es lo que hay dentro de la caja. Tal vez hay una parábola dentro. |
| *Mueva la caja junto a usted. Saque la tapa y déjela inclinada del lado que mira al círculo* | |
| *Saque el tapete color canela. Déjelo arrugado en el medio del círculo por un momento, y luego comience alisarlo.* | Me pregunto, ¿qué podrá ser esto? Humm. No se me ocurre nada. Es un tipo de marrón, pienso. Es un tipo de amarillo y marrón, una clase de color canela.

¿Qué extraño? ¿Me pregunto que podrá ser realmente?

Vamos a ver si hay algo más en la caja para ayudarnos a prepararnos para la parábola. |
| *Mire atentamente dentro de la caja. No hay nada allí que lo ayude con la preparación. Las piezas que quedan, todas tienen que ver con la narración de la parábola.* | ¡Oh, no, tengo malas noticias! No hay nada más. Lo único que podemos hacer entonces, es comenzar.

Había una vez alguien, que hizo cosas tan asombrosas y dijo cosas tan maravillosas, que la gente lo siguió. Mientras lo seguían, le oyeron hablar de un reino, pero el reino no era como en el que ellos vivían. No era como ninguno que ellos alguna vez hubiesen visitado. No era como ninguno el que hubiesen oído hablar siquiera. Así que tuvieron que preguntarle como era el reino de los cielos. |

MOVIMIENTOS	**DIÁLOGO**
Saque la figura de la mujer con la mesa y colóquela en el medio del tapete de base. Colóquela con sus pies hacia los niños. Ella mira contrariamente a su ubicación.	Una vez cuando le preguntaron, el respondió: "El reino de los cielos es como una mujer ..."
Coloque los tres tazones con harina en la mesa. Colóquelos alineados, porque ellos serán cubiertos por la representación del pan sin leudar.	"... quien tomó tres medidas de harina..."
Coloque la figura que representa el pan sin leudar sobre los tres recipientes para la harina, simulando un movimiento de revolver con su dedo.	"... y las mezcló."
La levadura es un pequeño triángulo dorado. Colóquela arriba—no cubriendo—el pan sin leudar y las tres medidas.	"Ella metió la levadura dentro de la mezcla la cual se hinchó y leudó toda la masa."

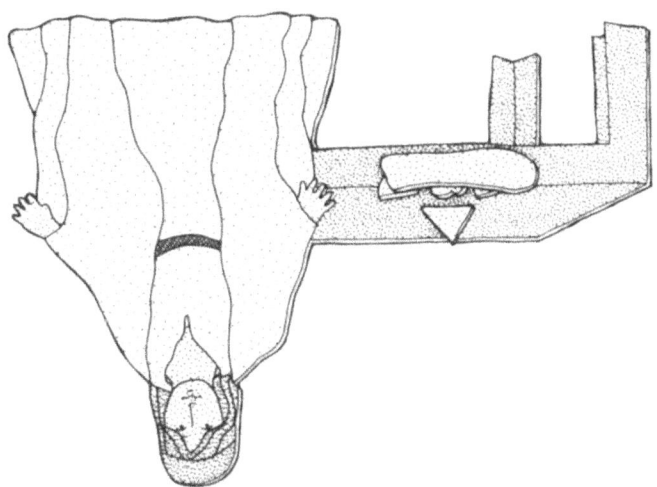

LA LEVADURA Y EL PAN SIN LEUDAR (PERSPECTIVA DEL NARRADOR)

Coloque la gran figura redondeada del pan encima (no en la parte superior) del pan sin leudar y sobre la parte superior de la levadura así el hogaza leudada y el pan sin leudar son lo mismo.	""y el pan creció grande y esponjoso como el que compran en la tienda."

| **MOVIMIENTOS** | **DIÁLOGO** |

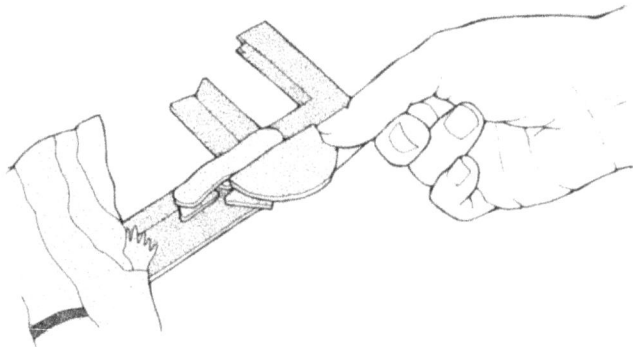

CREANDO LA HOGAZA LEUDADA (PERSPECTIVA DEL NARRADOR)

Pausa. Siéntese. Comience con las preguntas.	Ahora, me pregunto, ¿tendría un nombre esa mujer?, me pregunto, ¿quién habrá sido en realidad?
	Me pregunto, ¿dónde habrá hecho el pan?
	¿Qué podría ser el pan en realidad?
	¿Qué podría ser la levadura en realidad?
	¿Será posible tomar el pan inflado y dejarlo como estaba al principio, antes de que la mujer escondiera la levadura adentro?
	¿Han estado ustedes cerca de una situación así?
Siéntese y reflexione por un momento sobre todas las preguntas. Entonces comience a guardar las cosas, lentamente y con cuidado, una a la vez.	Mientras guardo todo, vayan pensando en qué trabajo vamos a hacer a continuación.
	Miren donde guardo esta parábola para que sepan dónde hallarla.

LECCIÓN 12
LA PARÁBOLA DE LA SEMILLA DE MOSTAZA

NOTAS DE LA LECCIÓN
ENFOQUE: UNA PARÁBOLA ACERCA DE PARÁBOLAS
- PARÁBOLA
- PRESENTACIÓN CENTRAL

EL MATERIAL
- LOCALIZACIÓN: ESTANTES DE PARÁBOLAS
- PIEZAS: CAJA DE PARÁBOLAS CON PUNTO AMARILLO, ARBUSTO (O ÁRBOL) DE FIELTRO VERDE, CAJA DORADA CON PÁJAROS Y NIDO, FIGURA DE UNA PERSONA
- BASE: AMARILLA

ANTECEDENTES
Esta parábola se encuentra en los tres evangelios sinópticos y en Tomás (Mateo 24:32; Marcos 4:30—32; Lucas 13:18—19; Evangelio de Tomás 20) La mostaza de la parábola no es la mostaza doméstica que utilizamos nosotros para condimentar. La mostaza del mundo oriental crece y se esparce rápidamente. A los granjeros no les agrada porque puede adueñarse totalmente de un campo y arruinar su producción de grano. Es un arbusto no un árbol. Este asunto histórico no les interesa a los niños, pero se lo menciona para invitar al lector a descubrir más acerca de esta parábola como un adulto.

NOTAS SOBRE EL MATERIAL
Encontrará el material en una caja de parábola dorada con un punto amarillo, localizada en el estante superior de uno de los estantes de parábolas. El tapete de base es amarillo y su forma tiene una parte superior un poco más amplia que la inferior. Los lados son curvos como los de una semilla. La forma en general sugiere una semilla. Hay un arbusto o árbol verde hecho de fieltro para poder ser enrollado. Pájaros y nidos se guardan por separado en una pequeña caja dorada con tapa. Finalmente, está la figura de una persona que coloca la diminuta semilla en la tierra.

NOTAS ESPECIALES

Consejos: ¿Por qué contar parábolas? En las parábolas, entramos con preguntas para vivir las preguntas. Las parábolas cuestionan nuestra visión de la vida de cada día. Ellas nos despiertan para ver en vida lo que no hemos visto todavía. Las parábolas cuestionan el status quo, el orden impuesto por la tradición, el poder o las clases. Es por eso, que las parábolas de Jesús a menudo le traían problemas, y porque desde entonces, los cristianos han redefinido siempre las parábolas en formas que los reconfortan en vez de desafiarnos, trastornando nuestra confortable visión del mundo.

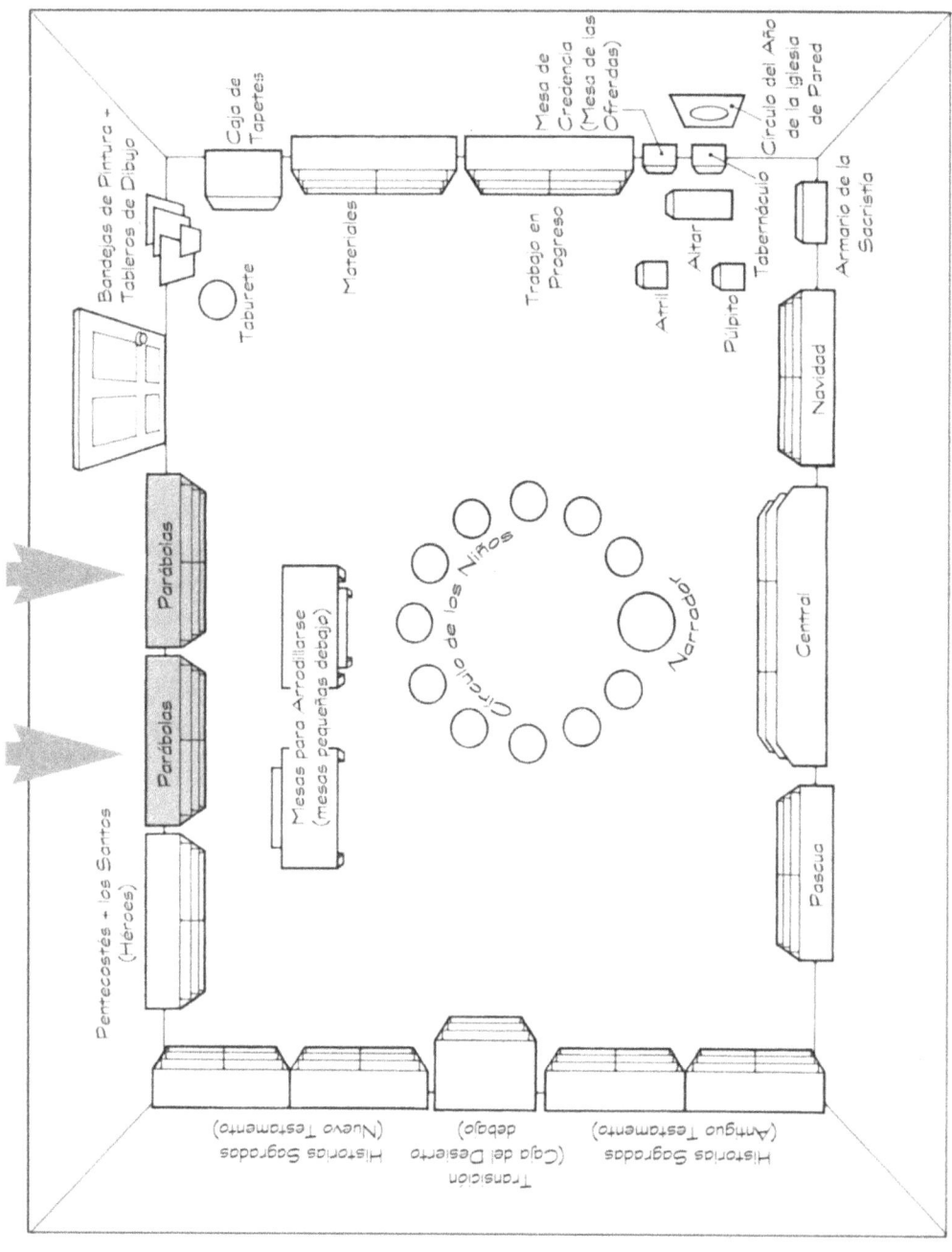

DONDE ENCONTRAR LOS MATERIALES

MOVIMIENTOS	*DIÁLOGO*
Vaya a los estantes de las parábolas y tome la caja de la parábola con el punto amarillo. Señale al punto, pero no diga nada a los niños. Traiga la caja de parábolas al círculo de los niños y colóquelo en el medio. Siéntese y acomódese.	Miren adonde voy para traer los materiales.
Mientras habla, tome la caja y mírela de cerca.	Esta caja luce antigua. Las parábolas son antiguas. ¿Me pregunto si hay una parábola dentro de ella?
Trace el contorno de la caja mientras habla acerca de su color y valor.	La caja es de color dorado. Las parábolas son valiosas, talvez hasta más valiosas que el oro.
Golpee la tapa, como si golpeara una puerta, cuando marque la dificultad de entender a veces las parábolas.	Miren, la caja tiene un tapa. Ya se, las cajas tienen tapas, pero también las parábolas. A veces, aunque estemos preparados, no podemos entender una parábola. La tapa es como una puerta, A veces está cerrada. Si eso ocurre no se desanimen. Vuelvan otra vez hacia ella, otra vez y otra vez. Un día se abrirá para ustedes.
Sostenga la caja como si fuera un regalo.	La caja luce como un regalo. Las parábolas son como regalos. Ellas les fueron dadas a ustedes antes de que nacieran. Son suyas aunque no sepan que es lo que son.
Cuando todas o varias de las sentencia de la introducción finalicen, siéntese por un momento. Deje que su auténtico interés y amor por las parábolas sea visible para los niños.	Ya se lo que vamos a hacer. Vamos a mirar dentro de la caja para ver si realmente hay una parábola. Sé que es fácil romperlas, así que tengamos cuidado al hacerlo.
Mueva la caja desde el centro hacia su lado. Quite la tapa y colóquela inclinada sobre la caja así no distraerá a los niños queriendo mirar dentro. Esto también ayuda con la sensación de misterio.	
Saque el tapete de fieltro y déjelo, por un momento, arrugado frente a usted. Luego, mientras habla comience a alisarlo.	¿Me pregunto qué podrá ser esto? ¿Me pregunto si podrá ser una parábola? Ciertamente es amarillo.
Sostenga su mano unos centímetros por encima del fieltro. Baje su mano adentrándose en el "color" que esta allí. Insinúe que el "amarillo" tiene una sustancia más allá del fieltro. Invite a los niños a jugar con la idea de que podrá ser realmente ese fieltro.	Solo hay amarillo. ¿Me pregunto que podrá ser realmente? Si, ya se, parece un limón.

Podría ser el sol. ¿Me pregunto qué será? |

MOVIMIENTOS

Saque el árbol de fieltro verde enrollado y escóndalo dentro de su mano cerrada. Mientras lo esconde, mantenga el contacto visual con los niños así ellos lo mirarán a usted y no al material.

Mire atentamente dentro de la caja. No hay nada más dentro para prepararse. Las piezas que quedan tienen que ver con el desarrollo de la parábola.

Saque la figura de la persona de la caja de la parábola. Colóquela en la orilla del fieltro más alejada de usted, viendo hacia los niños. El arbusto se plantará allí y crecerá (desde la perspectiva de los niños) hacia usted.

Levante su mano cerrada que contiene el "árbol" y cúbrala con su otra mano. Extienda el primer dedo de su mano cerrada para mostrar que usted no puede ver la semillita. Este tipo de semillas de mostaza vienen en una vaina, y las semillas individuales son como polvo. Usted realmente no las puede ver.

Presione con su dedo en el fieltro, como plantando la semilla, cerca de la orilla más lejana.

DIÁLOGO

¿Una gota de jugo de limón? ¿Qué será?

Veamos si hay algo más aquí adentro que nos pueda ayudar a prepararnos.

¡Oh no, no hay nada más! Todo lo que podemos hacer entonces, es comenzar.

Había una vez alguien, que hizo cosas tan asombrosas y dijo cosas tan maravillosas, que la gente lo siguió. Mientras lo seguían, le oyeron hablar de un reino, pero el reino no era como en el que ellos vivían. No era como ninguno que ellos alguna vez hubiesen visitado. No era como ninguno del que hubiesen oído hablar siquiera.

Así que tuvieron que preguntarle. ¿Cómo es el reino de los cielos? Una vez cuando le preguntaron, él les dijo, "El reino de los cielos es como cuando una persona…"

"… toma la semilla más pequeña de todas, un grano de mostaza, una semilla tan pequeña que si yo tuviera una en mi dedo, ustedes no podrían verla."

"La persona puso la diminuta semilla en la tierra, y ella comenzó…"

| MOVIMIENTOS | DIÁLOGO |

Dentro de su mano cerrada está el árbol de fieltro, así que cuando mencione "creció", puede empezar a desenrollarlo. Desenróllelo totalmente desde abajo a la parte superior, luego desenrolle las ramas que están dobladas hacia el tronco, como lo ha doblado al guardarlo la vez anterior.

"... a crecer."

Tome la pequeña caja dorada desde la caja de la parábola. Colóquela sobre el tapete de base. No se apresure. Saque la tapa. Tome algunos pájaros de la caja, uno a la vez. Colóquelos volando hacia el árbol.

"El arbusto creció tan alto que parecía un pequeño árbol, y los pájaros llegaron desde el aire..."

Tome otros pocos pájaros desde la caja, uno a la vez, y colóquelos alrededor del árbol. Tome unos cuantos nidos de la caja, y colóquelos en las ramas del árbol.

"...e hicieron sus nidos en él."

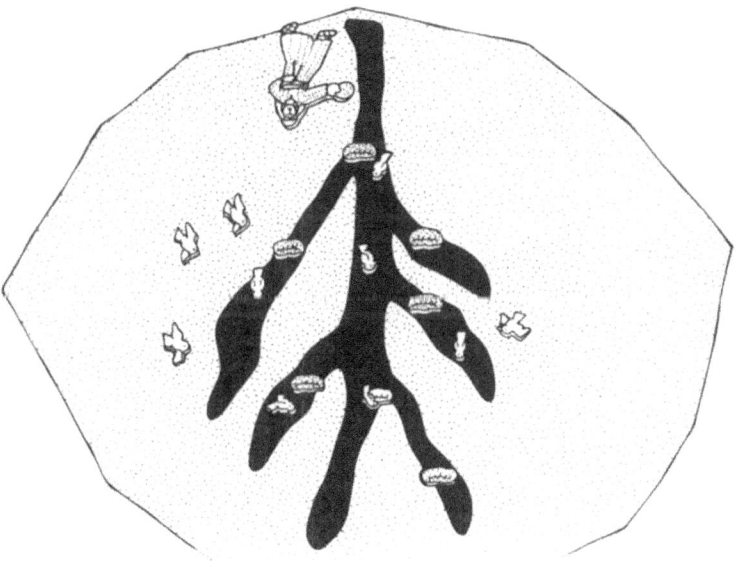

LA PARÁBOLA DE LA SEMILLA DE MOSTAZA (PERSPECTIVA DEL NARRADOR)

Siéntese y disfrute los pájaros y el arbusto. Si las y los niños son obedientes y tranquilos, puede pasar la caja con pájaros y nidos e invitar a niñas y niños a ponerlos en el arbusto y volando.

MOVIMIENTOS

Cuando haya terminado con los pájaros y los nidos, es tiempo de comenzar con las preguntas.

DIÁLOGO

Ahora, me pregunto, ¿tendrá un nombre la persona que plantó la diminuta semilla en la tierra?

¿Me pregunto si esta persona fue feliz al ver venir a los pájaros?

Me pregunto, ¿qué estaría haciendo la persona mientras su arbusto crecía?

¿Podría la persona tomar el arbusto que se parece a un árbol y meterlo en la semilla? ¿Convertirlo de nuevo en semilla?

Me pregunto, ¿estaría feliz la semilla mientras crecía?

Me pregunto, ¿Adonde fue la semilla cuando terminó de crecer?

¿Tendrían nombres los pájaros?

Me pregunto, ¿serían felices al encontrar el árbol?

Me pregunto, ¿qué podrá significar realmente ese árbol?

Ustedes, ¿han estado cerca de este tipo de árbol?

Me pregunto, ¿Qué podrán significar realmente los nidos?

Me pregunto, ¿dónde realmente podría haber un lugar así?

Cuando las preguntas terminen, comience por colocar los pájaros y los nidos dentro de la pequeña caja primero, y luego regrese el resto de los materiales dentro de la caja de la parábola. Mientras guarda los materiales, nómbrelos otra vez uno por uno. También es un buen momento para decirles a los niños que comiencen a pensar qué trabajo harán en su tiempo de respuesta. Por último, guarde el tapete.

Regrese la caja de la parábola de regreso a su estante, regrese al círculo y ayude a los niños a decidirse en qué van a trabajar.

ENRIQUECIMIENTO DE LA LECCIÓN
LA PARÁBOLA DE LAS PARÁBOLAS

NOTAS DE LA LECCIÓN
ENFOQUE: UNA PARÁBOLA ACERCA DE PARÁBOLAS
- ACCIÓN LITÚRGICA
- PRESENTACIÓN DE ENRIQUECIMIENTO

EL MATERIAL
- LOCALIZACIÓN: ESTANTES DE PARÁBOLAS
- PIEZAS: UNA BANDEJA O UNA CESTA CON UN JUEGO DE CAJAS CHINAS EN COLORES VARIADOS
- BASE: NINGUNA (UTILICE UNA ALFOMBRA)

ANTECEDENTES

A veces los niños preguntarán, "¿Qué hay realmente dentro de una parábola?" Usted ha introducido esta idea en cada presentación de una parábola, así que es emocionante cuando surge finalmente la respuesta. Este es el momento por el que hemos estado esperando. Ahora podrá decir: "¡Nosotros tenemos una parábola acerca de eso!"

NOTAS SOBRE EL MATERIAL

Encuentre los materiales para esta presentación en el segundo estante de los estantes de parábolas. (Los estantes superiores tienen a las seis parábolas guías.) Utilice un tapete común, esta lección no tiene un tapete especial para ella, así no revelará el número de cajas sin cajas. El material no está en una caja dorada, porque esta no es una parábola que fue contada por Jesús. En su lugar, los materiales son guardados en una bandeja o una cesta.

El material es un juego de lo que son llamadas cajas chinas. Estas son cajas de colores variados que entran una dentro de otra. El juego actual que utiliza Jerome utiliza un rango de cerca de 5 pulgadas cuadradas para la caja más grande hasta cerca de 1 pulgada cuadrada para la caja más pequeña.

NOTAS ESPECIALES

Ejemplo: Las parábolas de Jugar Junto a Dios incluyen seis parábolas guías así como también la parábola sobre las parábolas. Los niños más grandes que están familiarizados a fondo con las parábolas guías están listos para esta lección de enriquecimiento, aún si todavía no hay hecho la pregunta, "¿Qué hay realmente dentro de una parábola?" Como cualquier otra presentación, esta lección puede ser dada a un niño individualmente, a un grupo pequeño a todo el grupo.

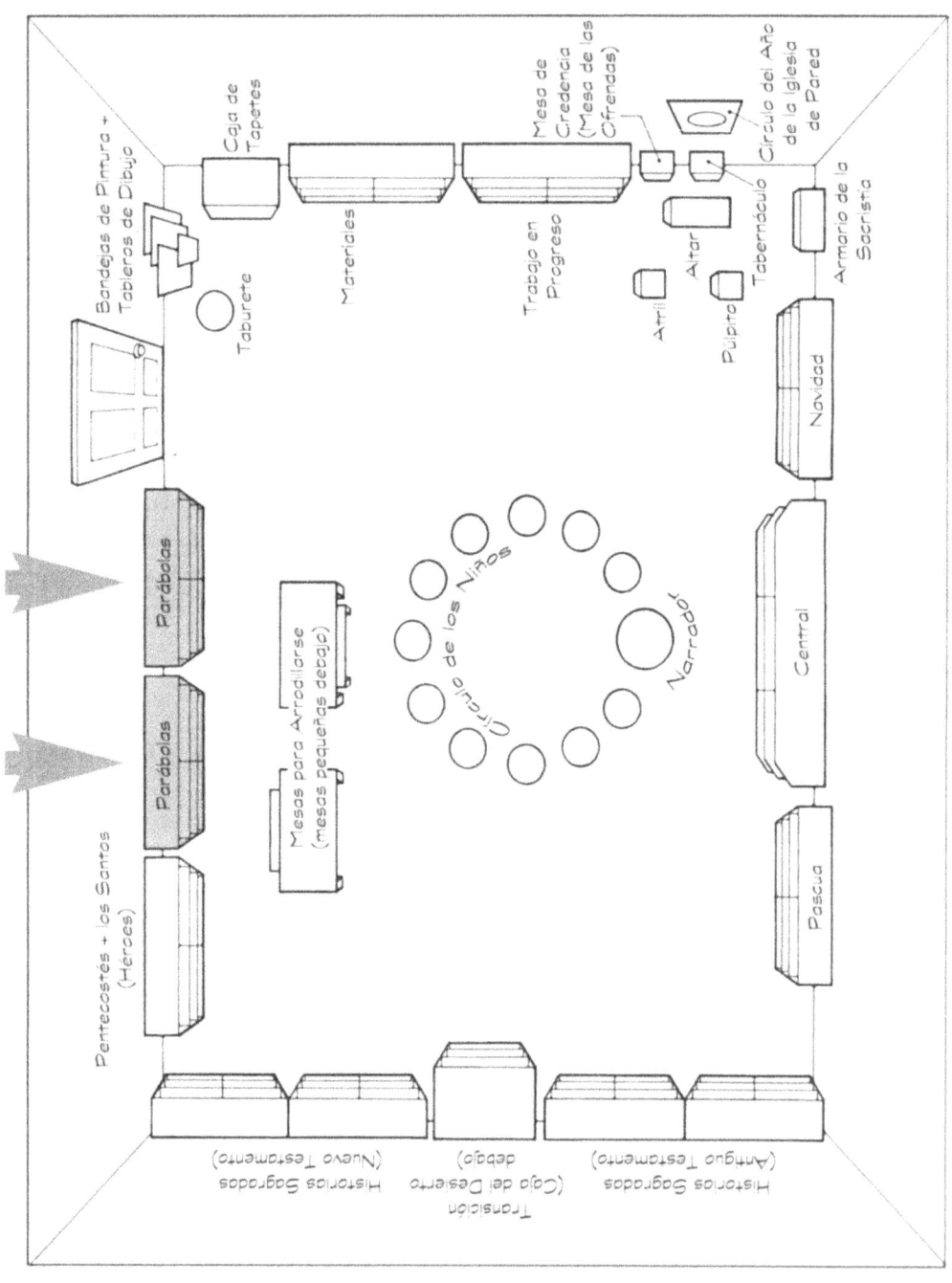

DONDE ENCONTRAR LOS MATERIALES

MOVIMIENTOS	***DIÁLOGO***

Vaya hasta la caja de los tapetes y traiga un tapete. Extiéndala en el medio del círculo de niños. Vaya hasta los estantes de las parábolas y traiga la bandeja o la cesta que contiene a la Parábola de Parábolas. Regrese al círculo y coloque la bandeja o la cesta junto a usted. Deje la caja a su lado por unos pocos momentos.

Miren adonde voy para traer los materiales de esta lección.

Coloque la caja en el centro del tapete.

A veces la gente se pregunta qué hay realmente dentro de una parábola. Aquí esta una parábola que les mostrará.

Ven, ésta no es una parábola de Jesús. Esta no es dorada, como las otras parábolas. Este es un tipo diferente de parábola así que es más chica y de diferente color.

Me pregunto qué habrá realmente dentro de una parábola. Todo lo que tenemos que hacer es quitar la tapa para saberlo. ¡Sean cuidadosos! Ustedes necesitan estar realmente preparados para hacer esto.

Lentamente retire la tapa de la caja exterior de las cajas chinas. Mire asombrado al encontrar otra caja adentro. Coloque la caja vacía en el tapete a su derecha. Una línea de cajas vacías se desarrollará desde su derecha a su izquierda.

¿Qué es esto? ¿Es una caja adentro de una caja? ¡Oh no! Es una parábola adentro de una parábola, así como una caja adentro de una caja. Esto es muy interesante, pero lo que nosotros queremos saber realmente es que hay dentro de una parábola. Veamos dentro de ésta para saber que hay.

Lentamente quite la tapa de la siguiente caja. Otra vez, muéstrese sorprendido. Coloque la segunda caja vacía a la izquierda de la primera caja.

¿Qué es esto? ¿Otra caja adentro de una caja? ¡Bien! Entiendo. Es una parábola dentro de una parábola, como una caja adentro de otra caja. Ya entendí. No necesitamos más cajas adentro de cajas. Veamos ahora qué hay realmente adentro de una parábola.

Lentamente, retire la tapa de la siguiente caja; de nuevo, sorpréndase.

Bien. Así que hay cajas adentro de cajas, como parábolas adentro de parábolas. Miren, aquí hay otra. Y aquí otra más.

Vaya a través de muchas cajas más bien rápido y haga una pausa otra vez. Lentamente, retire la tapa de la caja y sorpréndase. Continúe.

Ahora, esta debe ser la última, la gente no hace cajas tan pequeñas como estas.

Abra la siguiente caja. Responda con sorpresa. Hay otra caja dentro de ésta.

Jugar Junto a Dios   *La Parábola de las Parábolas* **123**

MOVIMIENTOS

DIÁLOGO

Aquí hay una dorada. Esta debe ser la que hemos estado esperando. Esta debe ser la última. Ahora sí podremos ver qué hay realmente adentro de una parábola.

Finalmente, usted llegará a la última caja. Ábrala cuidadosamente. Acérquese y mire adentro. Acérquese más. Ponga su dedo pulgar e índice o medio, juntos, para sacar lo que está "adentro" de la parábola.

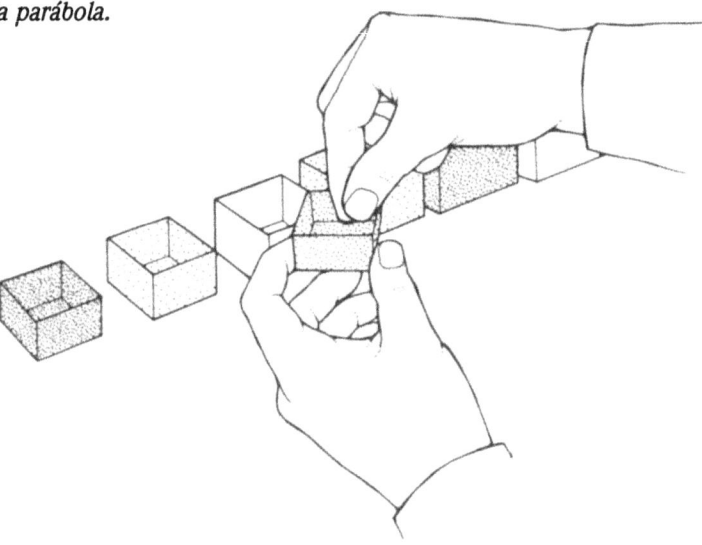

SACANDO LO DE "ADENTRO" DE LA PARÁBOLA (PERSPECTIVA DEL NARRADOR)

Sostenga lo de "adentro", una caja imaginaria final o presencia. Póngalo en el aire a unos dos pies frente a sus ojos. Suéltelo de sus dedos dejándolo flotar en el aire. (No hay nada para ver, pero trate de hacerlo para que parezca tangible.) Siéntese por un momento y continúe mirando el "adentro" que no se ve. No deje que ningún movimiento o sonido de los niños le distraiga mientras lo mira fijamente.

Es difícil de ver, ¿no creen? Es por eso que la gente a la que le gustan mucho las parábolas las pone en una caja, así las pueden encontrar y hasta llevar consigo.

| **MOVIMIENTOS** | **DIÁLOGO** |

Utilice su pulgar y su dedo índice otra vez para sostener lo de "adentro" de la parábola mientras flota en el aire. Con cuidado, colóquelo de nuevo en la cajita más pequeña. Colóquele la tapa.

Ellos no querían perder la parábola. Era demasiado preciosa.

Si los niños desafían este invisible "adentro" de la parábola, recuérdeles que Jesús solo contó con palabras las parábolas. Las palabras que están escritas son fáciles de ver, pero las palabras cuando son habladas no lo son. Usted puede preguntar, "¿Pueden ver las palabras que salen de mi boca ahora mismo?"

Coloque la primera caja en la segunda y colóquele la tapa en la segunda caja. Regrésela a la línea de cajas que está sobre el tapete, siéntese y reflexione sobre lo que ha pasado por un momento antes de proseguir.

La gente que vino después de ellos también amaba mucho a las parábolas, pero pensaron que la caja que la gente había hecho no era adecuada, así que hicieron su propia caja.

La gente que vino después también amaba las parábolas, pero no estuvieron de acuerdo con la caja que la gente anterior había hecho. Ellos querían una que fuera la correcta para ellos, así que hicieron su propia caja.

Coloque las dos cajas chinas en la siguiente caja más grande y colóquele la tapa. En este momento necesitará apresurar el proceso y tendrá que hacer lo mismo con varias cajas.

La gente siguió haciendo lo mismo. Alguien llegaba y veía la caja que alguien más había hecho para la parábola y aunque estaba bien, no era la caja ideal para esta nueva persona. Así que construían otra. Y la gente que llegó después de ella, hizo lo mismo. Esto sucedió de esta forma por cientos de años.

Aún después de mil años, esto seguía pasando. Después, cerca de la época en que América fue descubierta, seguía ocurriendo lo mismo.

Finalmente, sus abuelas y abuelos, quienes también amaban mucho a las parábolas, encontraron la caja para las parábolas que había hecho la gente que había estado antes que ellos. Esa caja les gustó, pero no era la caja correcta para ellos, así que hicieron su propia caja para la parábola.

Ahora usted ha colocado las cajas chinas hasta la penúltima caja. La última caja será la caja de los padres.

Por último, llegamos al tiempo de sus padres y madres. Ellos también amaron mucho las parábolas, pero la caja que sus padres y madres habían hecho no era la caja adecuada para ellos. Tuvieron que hacer su propia caja.

MOVIMIENTOS

DIÁLOGO

Coloque las cajas chinas en la última (y más grande) caja y coloque la tapa. Todo el juego de cajas chinas descansa ahora en el centro del tapete. Deténgase por un momento y reflexione silenciosamente sobre lo que ha pasado.

Me pregunto, ¿quiénes irán a hacer la siguiente caja de las parábolas?

Me pregunto, ¿qué podrá ser la caja realmente?

Cuando las preguntas y comentarios acerca de esto comiencen a terminar, usted comenzará con otras.

Me pregunto, ¿qué es lo que hace toda la línea de cajas?

Me pregunto, ¿cuál tipo de caja es la ideal para ustedes?

Me pregunto, ¿han estado ustedes cerca de lo que hay "adentro" de una parábola?

Cuando se terminen las preguntas y comentarios, coloque las cajas chinas en su bandeja o cesta. Luego, regrésela a los estantes de las parábolas. Enrolle el tapete y póngalo en la caja de tapetes. Regrese al círculo y comience a ayudar a los niños a que decidan el trabajo de respuesta del día de hoy.

ENRIQUECIMIENTO DE LA LECCIÓN
LA PARÁBOLA DEL POZO PROFUNDO

NOTAS DE LA LECCIÓN

ENFOQUE: UNA PARÁBOLA RABÍNICA SOBRE PARÁBOLAS
- PARÁBOLA
- PRESENTACIÓN DE ENRIQUECIMIENTO

EL MATERIAL
- LOCALIZACIÓN: ESTANTES DE PARÁBOLAS
- PIEZAS: UNA CAJA DE PARÁBOLA CON 1 POZO, 1 RECIPIENTE CON HILOS DORADOS Y 1 BALDE
- BASE: MARRÓN

ANTECEDENTES

De tiempo en tiempo los niños preguntan qué son las parábolas realmente. Para ayudarlos a encontrar su propia interpretación de lo que es una parábola, se puede proponer otra parábola. Usted puede decir, "Nosotros tenemos una parábola sobre eso," y presentar esta parábola a los niños. También puede presentarla a todo el grupo.

Esta parábola tiene sus raíces en las tradiciones de lo rabinos. Puede encontrar más información consultando a "Midrash Rabbah on the Son of Songs 1.1.8." como es citado en *Hear Then the Parable*, por Bernard Brandon Scott (Minneapolis: Fortress Press, 1991) o consulta la gran traducción del *Midrash Rabbah* por H. Freedman y Maurice Simon (London: Soncino Press, 1999).

NOTAS SOBRE EL MATERIAL

Desde que esta no es una parábola de Jesús, usted la encontrará en una caja de madera natural sobre el segundo estante de uno de los estantes de parábolas. En la caja hay un tapete de base de fieltro marrón con una forma irregular.

Dentro de la caja encontrará también un pozo o aljibe redondo, de más o menos la misma medida de la caja más grande de las cajas chinas utilizada en la Parábola de Parábolas. En un recipiente transparente están guardados varios hilos "dorados," cordeles o cordones de 4 a 5 pulgadas de largo. (Si son más pequeños deberán atarse juntos.) También encontrará un balde o cubo pequeño, suficientemente chico para permitir ser "bajado por el pozo."

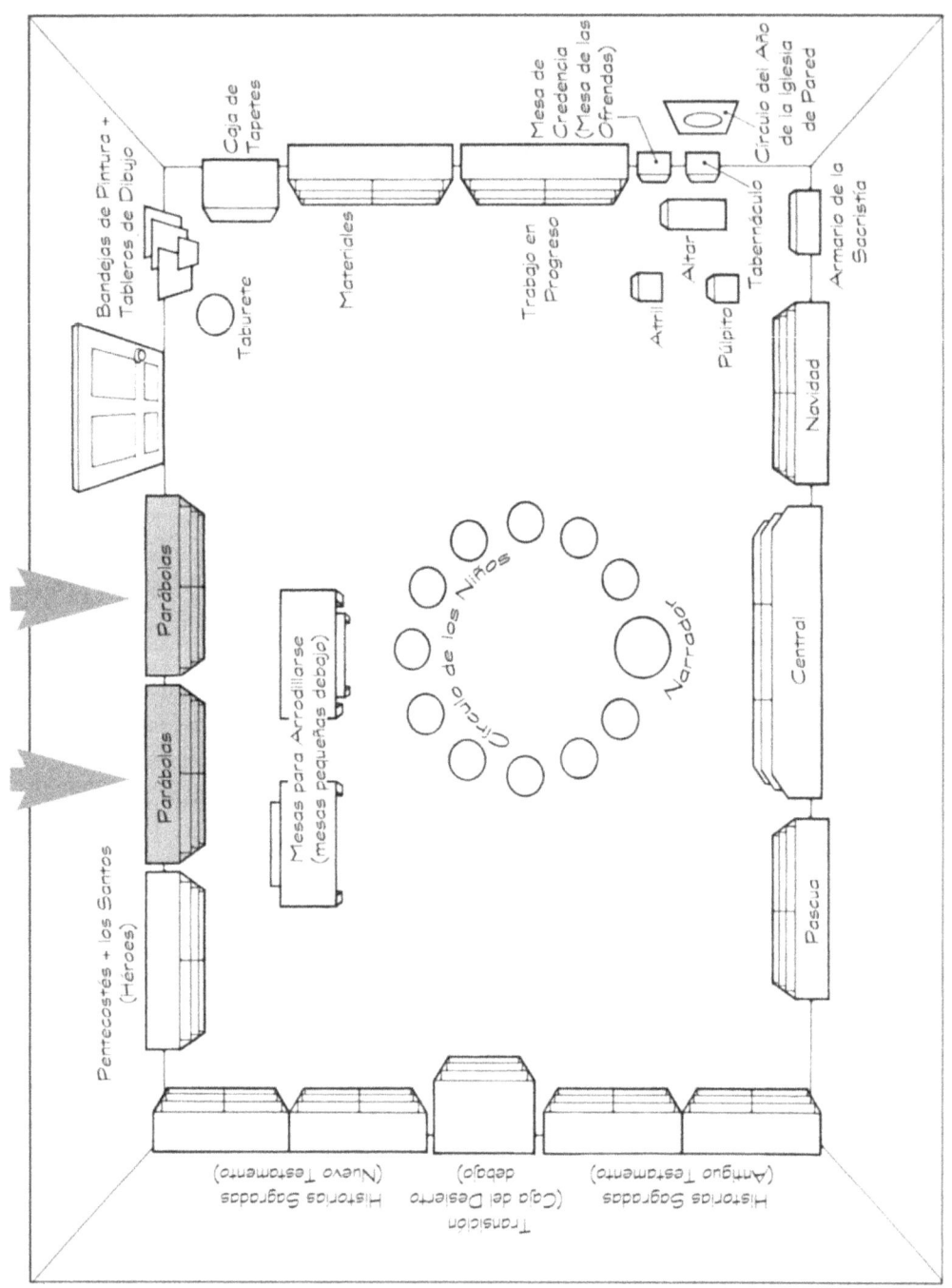

DONDE ENCONTRAR LOS MATERIALES

MOVIMIENTOS	DIÁLOGO
Vaya a los estantes de las parábolas y traiga la caja en madera natural. Está en el segundo estante. Las seis cajas doradas de parábolas originales (las parábolas de Jesús) están en los estantes superiores. Traiga la caja al círculo de niños y colóquelo en el centro del mismo.	Miren cuidadosamente adonde voy, así siempre sabrán donde encontrar los materiales para esta lección.
Siéntese y mírela por un momento.	Esta es una parábola, pero no es una de las parábolas de Jesús. A esas las guardamos en cajas doradas. Esta es una caja de madera natural. Muchos de ustedes se han preguntado que es en realidad una parábola. Esta parábola se trata de eso, entre otras cosas.
Deslice la caja a su lado. Saque la tapa y tome el tapete de base. Póngalo, arrugado como está, frente a usted.	
Alise el tapete. Tómese su tiempo.	Hum, me pregunto, ¿qué podrá ser esto en realidad? Es marrón, pero no tiene una forma definida.
	Me pregunto, ¿por qué podrá ser tan marrón? No hay nada de verde o azul. Hum.
	Veamos si hay algo más que nos ayude a prepararnos.
Saque el pozo, pero no diga que es.	Oh, miren. Aquí hay... algo.
Espere. Sosténgalo en sus manos. Siéntase cómodo con el silencio si lo hay. Espere a que los niños le ayuden a construir la metáfora.	
Coloque el pozo en el medio del tapete de fieltro.	Hum.
Coloque el pequeño balde sobre el tapete, en cualquier lugar.	Veamos si hay algo más. Oh, miren.
Saque los hilos dorados, pero no diga que es lo que son.	Aquí hay más. No se lo que son, pero son muchos de ellos.
Disperse los hilos (piezas de cordel) a lo largo del tapete. Siéntese y reflexione sobre lo que hay allí.	

| MOVIMIENTOS | DIÁLOGO |

LA PARÁBOLA DEL POZO PROFUNDO (PERSPECTIVA DEL NARRADOR)

Pase su mano a lo largo del tapete marrón.	Había una vez un desierto muy grande.
	En medio del desierto había un pozo profundo. Era tan profundo que la gente no podía alcanzar el agua para poder beberla.
Asómese al pozo y mire hacia adentro. Toque su cara como si estuviera sintiendo el aire refrescante. Siéntese nuevamente y reflexione sobre esto.	Ni siquiera podían ver el agua en el fondo del pozo. A veces se podía sentir el aire refrescante y húmedo salir del pozo, pero no había manera de sacar el líquido refrescante de sus profundidades.
	La gente no puede vivir en el desierto sin agua. Es muy caliente y es fácil perderse en él. El viento cambia las formas de la arena. No hay nada verde que dé sombra o comida, así que las personas se apresuran a cruzar la arena y la tierra para alejarse pronto del peligro.
	Un día una persona cruzó el desierto. Cuando llegó al pozo, esperó un poco. No tenía prisa. La persona miró el pozo y a los hilos de oro en el desierto.
Recoja el pequeño balde y mírelo. Voltéelo y colóquelo separado del pozo.	La persona recogió un objeto oxidado, que ya nadie podía recordar para que servia. Era como un gran tazón que se puede llevar porque tenía una manija, pero ¿dónde podría una persona conseguir agua?
Mueva su mano sobre el desierto y de "puntapiés" a algunos de los hilos con sus dedos.	La persona miró otra vez los hilos dorados, y les dio puntapiés. Parecían fuera de lugar. ¿Qué serían? Otras personas pensaron que eran ridículos y siguieron su camino. Esta persona se tomó su tiempo.

MOVIMIENTOS	**DIÁLOGO**
Amarre seis o siete de los hilos mientras habla. Después, amarre la larga hebra a la manija del balde.	La persona fue hacia el gran tazón con manija y luego al pozo. Luego, empezó a caminar recogiendo los hilos dorados y fue amarrándolos unos a otros.
Sostenga en alto el cordón con el balde atado y comience a "bajarlo" dentro del pozo. Deje que el cordón colapse y siga entrando en el pozo; el balde no se podrá ver porque es más pequeño que el pozo.	La persona bajó el balde dentro del pozo y sacó el agua refrescante. Probó el agua y fue transformado. Cuando la persona siguió su camino, dejó el balde y los hilos dorados amarrados, para que la siguiente persona que llegara al pozo, también pudiera saborear el agua.
Vierta el "agua" del balde en su mano y "saboréela". Pase el balde a los niños alrededor del círculo. Invítelos con su gesto a "saborearla" también.	Aquí tienen, ustedes también pueden probarla.
	Ahora me pregunto, ¿qué significado podrá tener realmente el agua del pozo?
	Me pregunto, ¿qué podrá ser el desierto realmente?
	Me pregunto, ¿si ustedes han cruzado ese desierto alguna vez?
	Me pregunto, ¿qué será realmente el pozo profundo?
	Me pregunto, ¿han estado ustedes cerca de los hilos dorados?
	Y, ¿qué podrán ser los hilos dorados realmente?
	Me pregunto, ¿por qué se habrá detenido la persona a hacerse preguntas?
	Me pregunto, ¿cómo preguntarnos?
	Me pregunto, ¿por qué hacerlo?
Final Alternativo: Después de probar el agua refrescante desate los hilos dorados y dispérselos.	Ahora, que tal este final: Cuando la persona siguió su camino, los hilos dorados quedaron desatados y dispersos nuevamente, así la siguiente persona tuvo que pensar, preguntarse y hacerlo otra vez.
	Me pregunto, ¿cuál final les gusta más?
	Me pregunto, ¿cuál es más importante?
	Me pregunto, ¿qué parte de la parábola es especialmente acerca de ustedes?
	Me pregunto si, ¿hay alguna parte en esta parábola que podremos dejar de lado y tener toda la parábola que necesitamos?

ENRIQUECIMIENTO DE LA LECCIÓN
LA PARÁBOLA SÍNTESIS 1
TODAS LAS PARÁBOLAS

NOTAS DE LA LECCIÓN
ENFOQUE: UNA PARÁBOLA COMO TEXTOS
- PARÁBOLA
- PRESENTACIÓN DE ENRIQUECIMIENTO (SÍNTESIS)

EL MATERIAL
- LOCALIZACIÓN: ESTANTES DE PARÁBOLAS
- PIEZAS: CESTA GRANDE CONTENIENDO 40 TARJETAS DORADAS DE PARÁBOLAS (RECTANGULARES) Y 15 TARJETAS DORADAS "YO SOY" (TRIANGULARES); LA BIBLIA
- BASE: NINGUNA

ANTECEDENTES

Este material presenta a los niños el corpus completo de parábolas. Por supuesto, los niños trabajarán con parábolas individuales, pero al jugar con el juego completo de parábolas hace posible que tengan una nueva imagen y hagan un descubrimiento—otra parábola.

Los eruditos están en desacuerdo sobre el número de parábolas en las escrituras, dependiendo de como definan una parábola. El juego completo de parábolas de Jugar Junto a Dios primariamente sigue las definiciones utilizadas en el libro de Bernard Brandon Scott *Hear Then the Parable* (Minneapolis: Fortress Press, 1991).

Hay dos diferencias entre el juego de Jugar Junto a Dios y la agrupación hecha por Scott. Primero, el corpus de Jugar Junto a Dios omite dos parábolas que Scott incluye del Evangelio de Tomás (Una Mujer con una Jarra y El Hombre Que Tenía un Tesoro Escondido). Segundo, el corpus de Jugar Junto a Dios incluye dos parábolas que Scott excluye de su lista (las dos parábolas tradicionales de las Diez Vírgenes y la del Trigo y la Cizaña); Scott considera que estas parábolas no son auténticas (*Hear Then the Parable*, páginas 68 a 72).

El corpus de Jugar Junto a Dios, tiene entonces, treinta y un diferentes parábolas, pero usted encontrará más de treinta y un tarjetas doradas si las cuenta. Esto es porque algunas parábolas son tan largas que la historia se transfiere a otra tarjeta y porque las parábolas repetidas son incluidas en este conteo.

Scott también divide las parábolas entre tres grupos:
- Familia, Pueblos, Ciudades y Más Allá
- Hogar y Granja
- Amos y Sirvientes

Todas menos una de las seis parábolas guías de Jugar Junto a Dios pertenecen al grupo Hogar y Granja. La excepción es el Buen Samaritano, a la cual Scott llama "Desde Jerusalén a Jericó" y la coloca en el grupo llamado Familia, Pueblos, Ciudades y Más Allá.

El Evangelio de Juan: Scott no incluye a nada del Evangelio de Juan como parábola. Sofía Cavalletti y otros han identificado dos textos de Juan como parábolas. Un texto nos cuenta acerca de ovejas y pastores, y el otro texto es acerca del vino verdadero. Si estas no son parábolas, ¿qué son? Ellas pertenecen a un grupo de dichos que podrían ser llamados las declaraciones de la propia identidad de Jesús o las declaraciones "Yo Soy".

Desde que no hay una narrativa en las declaraciones "Yo Soy", no son parábolas, pero aún son parabólicas. ¿Qué hacer? El material de Jugar Junto a Dios para las declaraciones "Yo Soy" está impreso sobre piezas triangulares en madera. El capítulo Las Parábolas Síntesis 2 (páginas 139 a 147) se enfoca en las quince declaraciones "Yo Soy", que se encuentran en Juan.

El Evangelio de Tomás: El Evangelio de Tomás lista solo los dichos de Jesús, sin una estructura narrativa acompañante. El Evangelio de Tomás esta ampliamente disponible, pero sería mejor no mencionarlo porque no está en nuestra Biblia. La única razón para incluirlo es porque es referido por la mayoría de los estudiosos eruditos en parábolas de hoy día, quienes los utilizan para ayudar con la interpretación de las parábolas. Los niños no se sorprenderán o se sentirán turbados mas tarde cuando se encuentren con que Tomás es ampliamente utilizado como una ayuda para interpretar las parábolas de Jesús en la Biblia.

NOTAS SOBRE EL MATERIAL

Encuentre el material en una gran cesta colocada en el estante inferior de uno de los estantes de las parábolas. El material es un juego completo de las parábolas de Jesús escritas en rectángulos de madera dorada (cerca de 8.5" x 5.5") y un juego completo de las declaraciones "Yo Soy" escritas en triángulos de madera dorada (cerca de 8.5" en cada lado).

Aquí hay una lista de las escrituras que encontrará en las tarjetas de parábolas (las citas entre paréntesis indican dónde se encuentran las parábolas en otros evangelios):

- Mateo 13:1-9 (Marcos 4:1-9; Lucas 8:4-8)
- Mateo 13:24-30
- Mateo 13:31-32 (Marcos 4:30-32; Lucas 13:18-19)
- Mateo 13:33 (Lucas 13:20-21)
- Mateo 13:44
- Mateo 13:45-46
- Mateo 13:47
- Mateo 18:12-14 (Lucas 15:1-7)
- Mateo 18:23-34
- Mateo 21:28-31a
- Mateo 21:33-46 (Marcos 12:1-12; Lucas 20:9-19)
- Mateo 24:32 (Marcos 13:28; Lucas 21:29-30)
- Mateo 24:45-51 (Lucas 12:42-46)
- Mateo 25:1-13
- Marcos 4:1-9 (Mateo 13:1-9; Lucas 8:4-8)
- Marcos 4:26-29
- Marcos 4:30-32 (Mateo 13:31-32; Lucas 13:18-19)
- Marcos 12:1-12 (Mateo 21:33-46; Lucas 20:9119)
- Marcos 13:28 (Mateo 24:32; Lucas 21:29-30)
- Marcos 13:34-36 (Lucas 12:36-38)
- Lucas 7:41-42
- Lucas 8:4-8 (Mateo 13:1-9; Marcos 4:1-9)
- Lucas 10:30-35
- Lucas 11:5-8
- Lucas 12:16-20
- Lucas 12:36-38 (Marcos 13:34-36)
- Lucas 12:42-46 (Mateo 24:45-51)
- Lucas 13:6-9
- Lucas 13:18-19 (Mateo 13:31-32; Marcos 4:30-32)
- Lucas 13:20-21 (Mateo 13:33)
- Lucas 14:16-24 (Mateo 22:2-14)
- Lucas 15:1-7 (Mateo 18:12-14)
- Lucas 15:8-10
- Lucas 15:11-32
- Lucas 16:1-8a
- Lucas 17:7-9
- Lucas 18:2-5
- Lucas 18:10-14a
- Lucas 20:9-19 (Mateo 21:33-46; Marcos 12:1-12)
- Lucas 21:29-30 (Mateo 24:32; Marcos 13:28)

Aqui lay uno lista de las escriturasque se eveuentran es las tarjetas "yo soy":

• Juan 10:7-9	• Juan 15:1	• Juan 6:35	• Juan 8:23
• Juan 10:11	• Juan 14:5	• Juan 8:12	• Juan 8:18
• Juan 13:19	• Juan 9:37	• Juan 6:20	• Juan 4:26
• Juan 11:25-27	• Juan 8:58	• Juan 18:5	

Las tarjetas están mezcladas juntas en una gran cesta en el salón de clases, así que el primer descubrimiento que los niños hacen es que hay formas diferentes en la cesta. También necesitará una Biblia.

En la parte inferior de cada tarjeta de parábolas están las citas que refieren a los niños hacia Mateo, Marcos y Lucas. (Las citas mantienen este orden de los evangelios sinópticos). Las citas ayudan a los niños a ver de inmediato cuantas veces una parábola aparece en los evangelios y donde puede ser encontrada. Por ejemplo, la Parábola del Buen Samaritano aparece solamente en un evangelio (Lucas 10:30-35), así que los lugares de las citas para Mateo y Marcos se dejan en blanco en esa tarjeta.

Las tarjetas de las parábolas no tienen los nombres que identifican a las parábolas, porque hay juegos que invitan a los niños a jugar a nombrar las parábolas. También, una vez que una parábola es nombrada, una interpretación ya ha sido hecha.

En la parte inferior de cada triángulo "Yo Soy" encontramos una cita para indicar a los niños en donde puede ser encontrada la declaración en Juan. La forma triangular de estas tarjetas sugiere la Trinidad. No decimos esto a los niños, pero permitimos que la forma sugiera esto a cierto nivel hasta que el niño haga su propio descubrimiento que Jesús, como la segunda persona de la Trinidad, no ha dicho directamente (en forma de parábolas) quién es.

NOTAS ESPECIALES

EJEMPLO: Las lecciones de síntesis de las parábolas cambian el material pedagógico de enseñanza, de las seis parábolas guías a tarjetas más abstractas y ligadas a un texto. Este material es para niños de 9 años de edad o más. Los niños necesitan sentirse cómodos con la lectura, para disfrutar trabajando con parábolas en forma de texto.

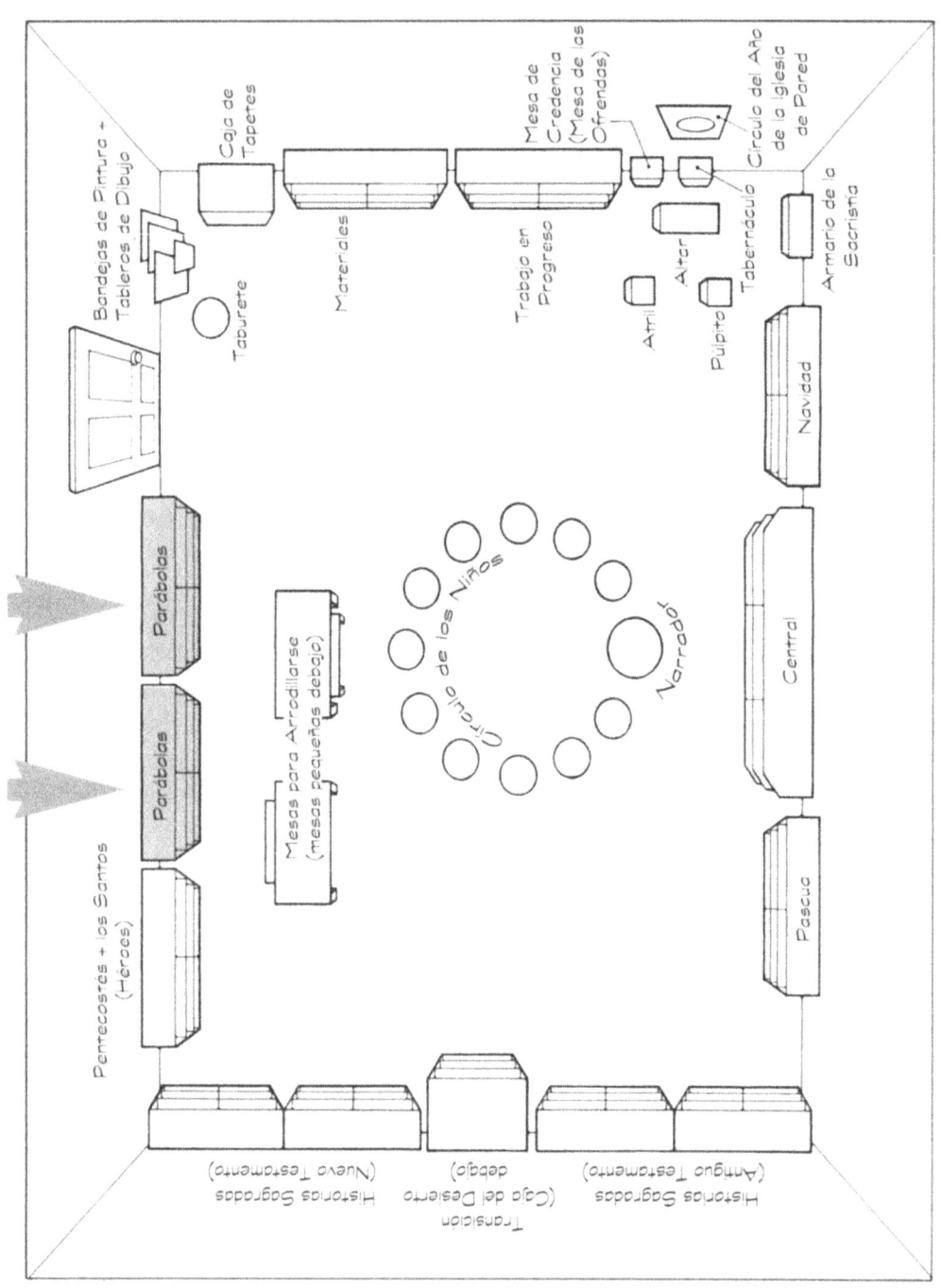

DONDE ENCONTRAR LOS MATERIALES

MOVIMIENTOS	DIÁLOGO
Usted no va a necesitar un tapete de base para esta presentación. Cuando extienda las tarjetas para todas las parábolas, cubrirán una superficie mayor que la de un tapete.	
Vaya hacia los estantes de las parábolas y tome la cesta grande llena de tarjetas de parábolas escritas y las declaraciones "Yo Soy." Dispérselas sobre el suelo.	¡Miren! Aquí están las parábolas. Hay muchas. Estas palabras son las más cercanas a las que Jesús alguna vez dijo realmente. Casi podemos escuchar su voz en estas palabras.
Comience a clasificarlas en la pila. Lentamente separe los rectángulos y triángulos en dos montones o pilas.	Esperen un momento. Hay dos formas diferentes. ¿Qué es lo que pasa? Dejen que lea algo de cada una de ellas.
Lea brevemente desde una tarjeta de parábola tomada al azar, luego lea desde una triangular.	¿Se dieron cuenta de la diferencia? ¡Escuchen otra vez!
Tome dos más y colóquelas lado a lado. Léalas.	Algunas son parábolas. Tienen al menos alguna historia en ellas. Las otras dicen lo que Jesús dijo cuando le preguntaron quién era él.
Muestre a los niños las citas en las tarjetas rectangulares y triangulares.	Miren en la parte inferior de cada tarjeta. Están los nombres de los tres Evangelios. ¿Ven los números que le siguen?
Tome la Biblia que había dejado a su lado. (Usted también puede optar por tener una Biblia por cada niño o una por cada dos niños.)	Ahora, vemos como funciona esto. Aquí tenemos una Biblia. Aquí una tarjeta que dice (lea desde la tarjeta). Busquemos ese Evangelio y encuentren el número. Escuchen.
Lea la tarjeta. Lea desde la Biblia.	Son lo mismo. Los números son llamados "citas." Ellos le dicen donde buscar en la Biblia para hallar esa parábola.
Muestre a los niños una tarjeta que tiene más de una cita.	A veces, una parábola se puede encontrar en más de un lugar.
Mientras dice la palabra asterisco, señálelo en la tarjeta.	Ustedes pueden saber cual versión de la parábola tienen en la tarjeta buscando el número que tiene un asterisco junto a él. Este es el que están leyendo. Es divertido ver si las parábolas son diferentes cuando se narran en diferentes evangelios. Esa es la manera en que las historias funcionan a veces.
Siéntese y disfrute mirando todas las parábolas dispersas en el centro del círculo.	¡Hay tantas! Es maravilloso. Las declaraciones "Yo Soy". Las parábolas.

MOVIMIENTOS	**DIÁLOGO**
	Ahora me pregunto, ¿qué serán realmente las parábolas?
	Me pregunto, ¿qué serán realmente las declaraciones "Yo Soy"?
	Me pregunto, ¿que es lo que forman todas las parábolas y las declaraciones "Yo Soy" cuando las juntan?
Coloque todas las tarjetas dentro de la gran cesta. Cuando esté llena, levántese y llévela al estante correspondiente sosteniéndola con sus dos manos.	
Regrese al círculo y, utilizando las dos manos, tome cuidadosamente la Biblia y llévela hacia la parte del salón en donde la guardan.	
Regrese al círculo nuevamente y siéntese. Mire alrededor del mismo.	Es hora de comenzar con vuestro trabajo. Muy bien, esa es la manera de hacerlo. Necesitan prepararse.
	Pueden querer trabajar con las parábolas o sobre algo que sientan con respecto a todas las parábolas cuando están juntas. Tal vez, tengan otros proyectos en que trabajar, o quieran utilizar otros materiales.
	Vayan pensando en lo que van a hacer mientras yo voy alrededor del círculo.
Apéndice para el Evangelio de Tomás: ¿Qué diría usted si un niño mayor le pregunta sobre el Evangelio de Tomás?	El Evangelio de Tomás no es una de las historias oficiales que la Iglesia en sus comienzos eligió para incluir en la Biblia. ¡Ni siquiera es una historia! Es una lista de 114 dichos de Jesús. Es muy interesante porque trece de esos 114 dichos son como los que encontramos en la Biblia.
	El Evangelio de Tomás es parte de una librería de cincuenta y dos piezas (tratados) enrollados en doce libros más una pieza de un treceavo rollo.
Continúe con estos comentarios, tanto como se mantenga el interés de los niños.	La biblioteca entera fue encontrada en 1945 en un lugar de Egipto llamado Nag Hammadi. Formaban parte de una colección de lo que alguien o algunos pensaban que eran temas religiosos importantes. Fue copiado del Griego al Copto (lenguaje egipcio escrito con alfabeto griego) aproximadamente en el año 200 DC, y fue enterrado doscientos años después aproximadamente (400 DC). Esto quiere decir que es más antiguo que cualquiera de los más completos manuscritos que tenemos de los evangelios bíblicos.

MOVIMIENTOS

DIÁLOGO

La primera copia completa del Nuevo Testamento en griego conocida por nosotros fue hecha en el siglo cuarto DC, así que el manuscrito del evangelio de Tomás fue copiado unos 200 años antes. Los evangelios de la Biblia, sin embargo, fueron escritos mucho antes, en el primer siglo de nuestra era.

ENRIQUECIMIENTO DE LA LECCIÓN
LA PARÁBOLA SÍNTESIS 2
LAS DECLARACIONES "YO SOY"

NOTAS DE LA LECCIÓN
ENFOQUE: LAS DECLARACIONES "YO SOY" EN EL EVANGELIO DE JUAN
- PARÁBOLA
- PRESENTACIÓN DE ENRIQUECIMIENTO (SÍNTESIS)

EL MATERIAL
- LOCALIZACIÓN: ESTANTES DE PARÁBOLAS
- PIEZAS: CESTA CONTENIENDO 40 TARJETAS DORADAS DE PARÁBOLAS (RECTANGULARES) Y 15 TARJETAS DORADAS "YO SOY" (TRIANGULARES); CAJA DEL EVANGELIO DE JUAN PARA CLASIFICAR; CAJA DE TARJETAS DE CONTEXTO
- BASE: NINGUNA

ANTECEDENTES

Las declaraciones "Yo Soy" son aquellas hechas por Jesús, en el Evangelio de Juan. En la lección previa, Las Parábolas Síntesis 1 (páginas 132 a 138), los niños descubrieron la abundancia de las parábolas. En esa lección, la interrogante sobre los mosaicos de forma triangular saldrá a la luz. Esta presentación es una respuesta a esa interrogante.

NOTAS SOBRE EL MATERIAL

Encuentre el material en una cesta grande colocada sobre el estante inferior de uno de los estantes de parábolas. Aunque, usted solamente se enfocará en las declaraciones "Yo Soy", el material es un juego completo de las parábolas de Jesús (escritas sobre tarjetas rectangulares en madera dorada) y un juego completo de las declaraciones "Yo Soy" de Jesús (escritas sobre tarjetas triangulares en madera dorada). Las tarjetas están mezcladas juntas en una cesta grande en el salón de clases.

Esta presentación utiliza las quince tarjetas "Yo Soy" y una caja para clasificar representando el Evangelio de Juan. Las tarjetas "Yo Soy" están colocadas en la caja en secuencia (tal como aparecen en Juan), así pueden hacer juego con las tarjetas de contexto. Los niños utilizan las quince tarjetas de contexto para saber cuando una declaración

"Yo Soy" en particular fue hecha. (La elección de las declaraciones "Yo Soy" y las historias están basada en el trabajo de Raymond Brown y otros eruditos en Juan.)

Haga un juego de quince tarjetas de contexto imprimiendo las palabras que proveemos más abajo en cartulina. Es preferible laminar o plastificar las tarjetas de contexto así pueden ser limpiadas de tiempo en tiempo y soportar la frecuente utilización de los niños. Sobre las tarjetas, incluya *solamente* el texto referido, *no* los números de tarjetas ni las citas ni las declaraciones "Yo Soy" en letras itálicas; estas se proveen para su conveniencia *solamente*:

Tarjeta Uno: *"Jesús le dijo: Yo soy, el que habla contigo" (Juan 4:26)*.

Esto tiene lugar cerca de la ciudad de Samaria llamada de Sicar en el pozo de Jacob. Después que los discípulos van a la ciudad a comprar comida, una mujer llega al pozo a sacar agua. Ella y Jesús hablan acerca del "agua de vida" que él dará. Luego, hablan sobre sus cinco esposos y la persona con la cual ella está viviendo en la actualidad. ("No tengo marido," le dijo ella honestamente.) La pregunta acerca de donde una persona debería rendir culto salió en la charla porque era un punto de desacuerdo entre Judíos y Samaritanos. Jesús le dijo que la hora estaba llegando en que la gente adoraría a Dios ni en la montaña en Samaria ni en el Templo de Jerusalén. Podrían rendir culto a Dios en el espíritu y en la verdad.

La mujer del pozo le dijo: *"Sé que ha de venir el Mesías, llamado el Cristo; cuando él venga nos declarará todas las cosas. Jesús le dijo: Yo soy, el que habla contigo."(Juan 4:25-26)*

Tarjeta Dos: *Más él les dijo: Yo soy; no temáis. (Juan 6:20; ver también Mateo 14:22-[27]32 y Marcos 6:45-[50]52)*.

En el anochecer los discípulos se subieron a una barca y comenzaron a cruzar el Mar de Galilea hacia Capernaum. Jesús estaba aún en la montaña, adonde se había retirado luego que los 5.000 trataran de apoderarse de él para hacerlo rey, después de que fueran todos alimentados por cinco hogazas de pan de cebada y dos pececillos. El viento estaba soplando, y el mar estaba picado.

"Cuando habían remado como veinticinco o treinta estadios, vieron a Jesús que andaba sobre el mar y se acercaba a la barca; y tuvieron miedo. Mas él les dijo: Yo soy; no temáis." (Juan 6:19-20).

Tarjeta Tres: *"Jesús les dijo: Yo soy el pan de vida" (Juan 6:35; ver también Juan 6:48 y 6:51)*.

La multitud siguió a Jesús y sus discípulos a través del mar de galilea hasta Capernaum y lo encontramos a él, enseñando en una sinagoga. El habló acerca del "pan del cielo"; ellos pensaron que él hablaba del maná que sus ancestros comieron en el desierto. Entonces les dijo, *"Porque el pan de Dios es aquel que descendió del cielo y da vida al mundo. Le dijeron: Señor, danos siempre este pan. Jesús les dijo: Yo soy el pan de vida"* (Juan 6:33-35a).

Jesús entonces les dijo que aquellos que vengan a él jamás tendrían hambre o sed.

Durante el discurso que sigue, Jesús también dijo en Juan 6:48, "Yo soy el pan de vida," y en 6:51, "Yo soy el pan vivo que descendió del cielo."

Tarjeta Cuatro: *"Yo soy la luz del mundo"* (Juan 8:12; ver también Juan 9:5 y 12:46).

Jesús fue en secreto a la Fiesta de los Tabernáculos en Jerusalén, pero se sentó en el templo una mañana a enseñar. Los escribas y Fariseos trajeron a una mujer que había sido sorprendida cometiendo adulterio. La ley de Moisés los mandaba a apedrearla hasta la muerte. Para probar a Jesús. Ellos quisieron saber que haría él en ese caso. Jesús escribió con su dedo en la tierra. Ellos insistieron en preguntarle. *"se enderezó y les dijo: Uno de vosotros esté sin pecado sea el primero en arrojar la piedra contra ella. E inclinándose de nuevo hacia el suelo, siguió escribiendo en tierra. Pero ellos, al oír esto, acusados por su conciencia, salían uno a uno, comenzando desde los más viejos."(Juan 8:7-9a)*

"Mujer, ¿dónde están los que te acusaban? ¿Ninguno te condenó? Ella dijo: Ninguno, Señor. Entonces Jesús le dijo: Ni yo te condeno; vete, y no peques más. Otra vez Jesús les habló, diciendo: Yo soy la luz del mundo." (Juan 8:10b-12a)

Jesús también dijo estas palabras mientras estaba enseñando en la tesorería del *templo. También dijo, "El que me sigue, no andará en tinieblas, sino que tendrá la luz de la vida." (Juan 8:12b)*. Ninguno lo arrestó porque su tiempo aún no había llegado.

El continuó enseñando hasta que quisieron apedrearlo (Juan 8:59). El dejó el templo y se encontró con un hombre ciego de nacimiento. En Juan 9:5 él dijo, *"Entre tanto que estoy en el mundo, luz soy del mundo"*. Luego él escupió en la tierra e hizo lodo, y untó con el lodo los ojos del ciego. Le dijo al hombre que fuera y se lavara en el estanque de Siloé (que significa Enviado).

En Juan 12:46, él también dijo, *"Yo, la luz, he venido al mundo."*

Tarjeta Cinco: *"Yo soy el que doy testimonio de mí mismo"* (Juan 8:18)

"Y en vuestra ley está escrito que el testimonio de dos hombres es verdadero. Yo soy el que doy testimonio de mí mismo, y el Padre que me envió da testimonio de mí." (Juan 8:17-18).

Tarjeta Seis: *"Vosotros sois de abajo, yo soy de arriba; vosotros sois de este mundo, yo no soy de este mundo." (Juan 8:23)*

El discurso en la tesorería continuó. "Otra vez les dijo Jesús: Yo me voy, y me buscaréis, pero en vuestro pecado moriréis; a donde yo voy, vosotros no podéis venir. Decían entonces los judíos: ¿Acaso se matará a sí mismo, que dice: A donde yo voy, vosotros no podéis venir? Y les dijo: Vosotros sois de abajo, yo soy de arriba; vosotros sois de este mundo, yo no soy de este mundo." (Juan 8:21-23)

Tarjeta Siete: *"De cierto, de cierto os digo: Antes que Abraham fuese, yo soy." (Juan 8:58)*

Cundo Jesús comenzó a hablar de la vida eterna la multitud pensó que él se estaba poniendo por encima de Abraham y los profetas que habían muerto hacía ya tiempo. *"Jesús les dijo: De cierto, de cierto os digo: Antes que Abraham fuese, yo soy. Tomaron entonces piedras para arrojárselas; pero Jesús se escondió y salió del templo." (Juan 8:58-59).*

Tarjeta Ocho: *"Pues le has visto, y el que habla contigo, él es." (Juan 9:37)*

Después del discurso en el templo, Jesús se encontró con un hombre ciego y lo sanó. Cuando la gente le preguntó al hombre que había pasado, el les contó que Jesús lo había sanado. El hombre ciego comenzó a ser acosado por los Fariseos. Ellos lo amenazaron cuando el continuó diciendo que había sido Jesús, en vez de Dios, quién lo había sanado, al final, lo expulsaron de la sinagoga.

Oyó Jesús que le habían expulsado; y hallándole, le dijo: ¿Crees tú en el Hijo de Dios? Respondió él y dijo: ¿Quién es, Señor, para que crea en él? Le dijo Jesús: Pues le has visto, y el que habla contigo, él es. (Juan 9:35-37)

Tarjeta Nueve: *"Yo soy la puerta de las ovejas" (Juan 10:7-9)*

Era invierno y el tiempo de la Fiesta de la Dedicación (Juan 10:22). "Y Jesús andaba en el Templo por el pórtico de Salomón" (Juan 10:23). Y le rodearon los judíos y le dijeron: ¿Hasta cuándo nos turbarás el alma? (Juan 10:24b). Ellos querían saber si él era realmente el Mesías. El les dijo lo que ya les había dicho. Luego comenzó el discurso sobre ovejas y pastores el cual comienza en Juan 10:1.

"Volvió, pues, Jesús a decirles; De cierto, de cierto os digo: Yo soy la puerta de las ovejas" (Juan 10:7).

Tarjeta Diez: *"Yo soy el buen pastor"* (Juan 10:14; ver también Juan 10:11).

"Así que el asalariado huye, porque es asalariado, y no le importan las ovejas. Yo soy el buen pastor" (Juan 10:13-14a)

Este discurso sobre ovejas y pastores continúa. El buen pastor dará su vida por las ovejas, y el conoce a las suyas, y ellas lo conocen a él. Al final del discurso, Jesús habló sobre lo que le había dado su Padre y que "Yo y el Padre somos uno."

La gente estaba enojada por el alegato de Jesús sobre "Yo y el Padre somos uno" (Juan 10:31). Ellos tomaron piedras para apedrearlo por su blasfemia, *"...porque tú, siendo hombre, te haces Dios" (Juan 10:33)*.

"Regresó Jesús al otro lado del Jordán, y se quedó allí, en el lugar donde Juan había estado antes" (Juan 10:40).

Tarjeta Once: *"Yo soy la resurrección y la vida" (Juan 11:25-27)*.

Lázaro estaba enfermo en Betania, "a unas dos millas" de Jerusalén. Las hermanas, María y Marta, enviaron un mensaje a Jesús, pero él estaba a dos días de distancia.

Era peligroso volver a Judea. Cuando Jesús y sus discípulos llegaron a Betania, Lázaro ya estaba en su tumba desde hacía cuatro días. Muchos habían venido desde Jerusalén a consolar a María y Marta. Cuando Marta oyó que Jesús venía, salió a su encuentro mientras María se quedaba en casa.

"Jesús le dijo: Tu hermano volverá a vivir. Marta le dijo: Sí, ya sé que volverá a vivir cuando los muertos resuciten, el el día último. Jesús le dijo entonces: Yo soy la resurrección y la vida" (Juan 11:23-25a)

Marta le avisó a María que Jesús había llegado y quería verla. María también salió a su encuentro. María le dijo a Jesús exactamente lo que le había dicho su hermana a él, *"Señor, si hubieras estado aquí, mi hermano no habría muerto" (Juan 10:21 y 32)*

Una multitud se había reunido ahora, porque aquellos que habían venido de Jerusalén, siguieron a María. Todos fueron hasta la tumba. Las hermanas y muchos en la multitud estaban llorando. Jesús también estaba muy turbado y lloraba.

Jesús fue desafiado por algunos de Jerusalén, sobre que el había podido sanar al ciego y no a Lázaro. Movieron la piedra que sellaba la tumba y el "hedor" era grande luego de cuatro días. Jesús entonces, llamó a Lázaro en voz alta "por causa de la multitud." Y el que había muerto, salió.

Este acto provocó un concilio de los Fariseos. Ellos estaban preocupados porque si Jesús continuaba dando estas señales, todos creerían en él. Estaban preocupados de que los Romanos vinieran entonces y destruyeran sus lugares santos y su nación. Caifás les dijo que era mejor la muerte de uno, que la pérdida del templo y la nación. Desde aquel día, acordaron la muerte de Jesús.

Tarjeta Doce: *"Les digo esto de antemano para que, cuando suceda, ustedes crean que Yo Soy." (Juan 13:19)*.

Jesús regresó a la casa de Lázaro seis días antes de Pascua. El vino desde allí a Jerusalén por última vez, sentado sobre un asnillo.

El Jueves de esa semana Jesús y sus discípulos se reunieron en una sala del piso superior. Durante la cena lavó los pies de sus discípulos y les dijo que hacía esto para mostrarles que ellos deberían lavarse los pies unos a otros, así como si fueran todos siervos de los otros.

"Si entienden estas cosas y las ponen en práctica, serán dichosos. No estoy hablando de todos ustedes: yo sé quiénes son los que he escogido. Pero tiene que cumplirse lo que dice la Escritura: Él que come conmigo, se ha vuelto contra mí" (Juan 13:17-19)

Jesús estaba profundamente conmovido y luego les dijo, "Les aseguro que uno de ustedes me va a traicionar" (Juan 13:21). Después que Judas salió, Jesús les dio un nuevo mandamiento: Ámense los unos a los otros como yo los he amado. Les dijo que donde él iba, ellos no podrían ir. *"Les doy este mandamiento nuevo: Que se amen los unos a los otros. Así como yo los amo a ustedes, así deben amarse ustedes los unos a otros. Si aman los unos a los otros" (Juan 13:34-35).*

Pedro juró que daría su vida por Jesús, quién le dijo que antes que cantara el gallo Pedro negaría a Jesús tres veces.

Tarjeta Trece: *"Yo soy el camino, la verdad, y la vida" (Juan 14:6).*

El Capítulo 14 comienza con Jesús confortando a los discípulos. *"No se angustien ustedes." (Juan 14:1a)*

"Tomás le dijo a Jesús: Señor, no sabemos a dónde vas, ¿cómo vamos a saber el camino? Jesús le contestó: Yo soy el camino, la verdad, y la vida" (Juan 14:5-6a)

Tarjeta Catorce: *"Yo soy la vid verdadera, y mi Padre es el que la cultiva." (Juan 15:1)*

El discurso de Jesús sobre el vino verdadero se encuentra en Juan 15:1-11. Comienza abruptamente con sus palabras: *"Yo soy la vid verdadera, y mi Padre es el que la cultiva."*

El tema es *"...permanezcan en mi amor."* El final es: *"Les hablo así para que se alegren conmigo y su alegría sea completo." (Juan 15:11).* El entonces dijo (Juan 15:12-13): *"Mi mandamiento es este: Que se amen unos a otros, como yo les he amado a ustedes. El amor mas grande que uno puede tener es dar su vida por sus amigos."* Esto afirma la anunciación del nuevo mandamiento hecho justo después que Judas se fuera (Juan 13:34-35).

Jesús continuó confortando a los discípulos y preparándolos. Finalmente, dice el paradójico: "Yo me estoy yendo, y vengo a ustedes." El "gobernador del mundo" viene por él, pero no tiene poder sobre él, porque él hace como el Padre lo mandó que hiciera. Jesús les dice también que aunque él se fuera, les enviaría el Espíritu Santo.

Tarjeta Quince: *"Yo soy"* (Juan (18:5)

> *Pero Jesús, sabiendo todas las cosas que le habían de sobrevenir, se adelantó y les dijo: ¿A quién buscáis? Le respondieron: A Jesús de Nazaret. Jesús les dijo: Yo soy. Y estaba también con ellos Judas, el que le entregaba. Cuando les dijo: Yo soy, retrocedieron, y cayeron a tierra. (Juan 18:4-6)*

El preguntó nuevamente a quien buscaban y le dijo que dejaran que el resto se fuera. Después que Jesús le dijo a Pedro que envainara su espada, fue prendido en paz.

NOTAS ESPECIALES

Ejemplo: Las lecciones de síntesis (pág. 132-154) de las parábolas cambian el material pedagógico de enseñanza, de las seis parábolas guías a tarjetas más abstractas y ligadas a un texto. Este material es para niños de 9 años de edad o más. Los niños necesitan sentirse cómodos con la lectura, para disfrutar trabajando con parábolas en forma de texto.

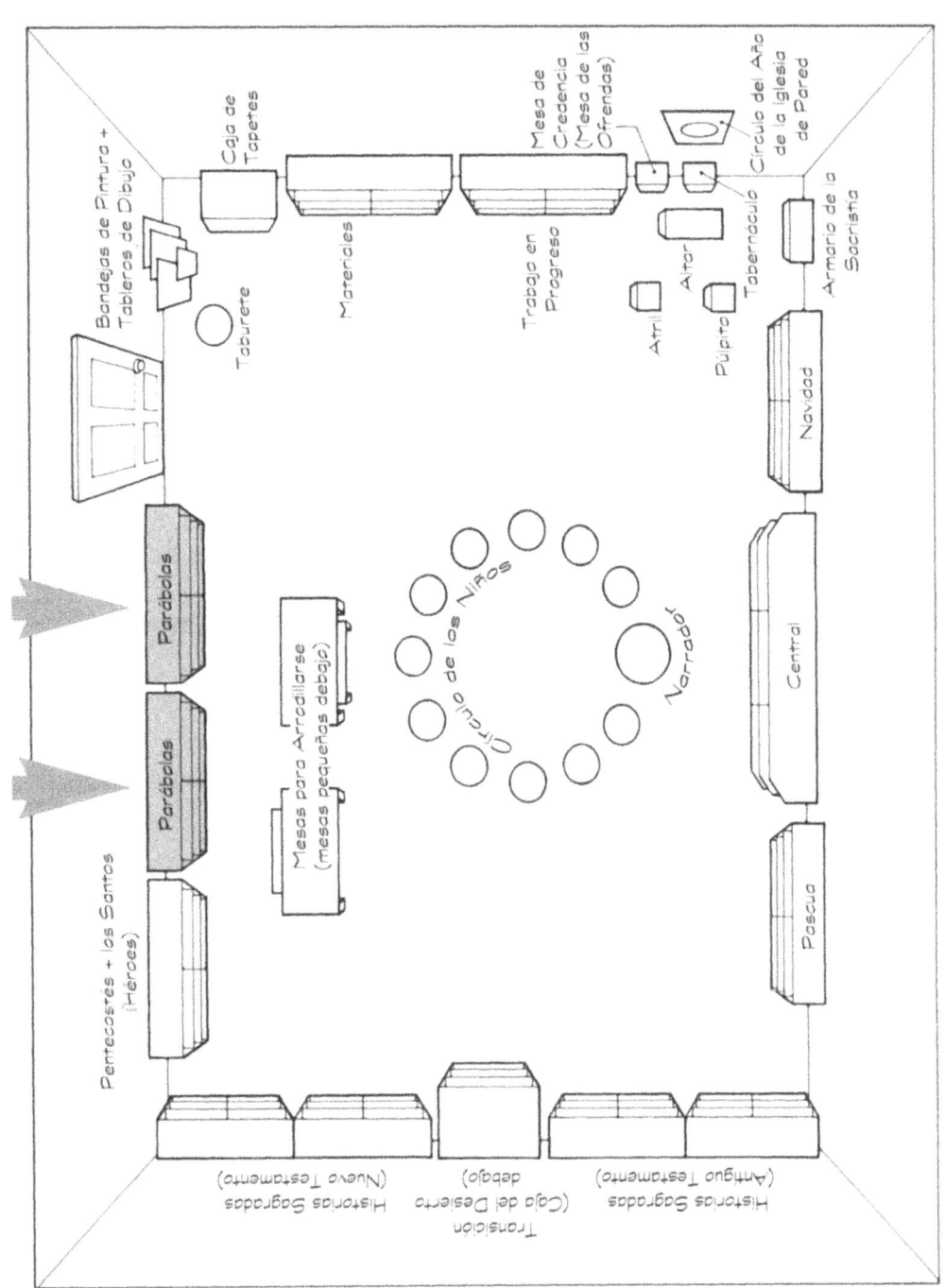

DONDE ENCONTRAR LOS MATERIALES

MOVIMIENTOS

DIÁLOGO

Vaya al estante y traiga la cesta que contiene a las tarjetas de parábolas y las tarjetas "Yo Soy", junto con la caja del Evangelio de Juan y la caja de las tarjetas de contexto.

Separa las declaraciones "Yo Soy" (los triángulos) de las tarjetas de parábolas (rectángulos). Ponga las declaraciones "Yo Soy" dentro de su caja de clasificación (la caja de Juan).

▶ Miren todo esto. Hay tantas. Algunas son parábolas, pero me pregunto, ¿que podrán ser estos triángulos? Vamos a acomodarlos en esta caja y a dejar a un lado las parábolas. Miren cuidadosamente a cada triángulo.

Sostenga cada uno de los triángulos con respeto y curiosidad mientras lee lo que está escrito en ellas. (Mientras trabaja con las tarjetas, clasifíquelas—en la caja de Juan—en secuencia, de acuerdo al orden en el que aparecen en el Evangelio de Juan.)

▶ "Yo soy, el que habla contigo." Estos son dichos extraños.

Me pregunto, ¿qué está tratando de decir el que habla?

Me pregunto, ¿por qué habla de él de esa manera?

Me pregunto, ¿qué sucede cuando sumas todos estos dichos?

Continúa hasta que las preguntas comiencen a menguar. Luego coloque la caja con las tarjetas de contexto frente a usted.

▶ Estas son las tarjetas de contexto.

Lea la primera tarjeta de contexto. Colóquela frente a usted en el medio del círculo. Repita esta hasta que todas las tarjetas de contexto y las declaraciones "Yo Soy" estén combinadas.

▶ Ahora, me pregunto, ¿cual dicho "Yo Soy" utilizó Jesús entonces?

Me pregunto, ¿si nosotros podemos contar la historia de Jesús de Juan con solo los dichos "Yo Soy" y su contexto? ¿Qué estamos omitiendo? ¿Les gustaría leer toda la historia para saberlo? Pueden hacer que ese sea vuestro trabajo para hoy, si así lo desean.

Regrese todas las tarjetas de contexto a su caja. Mientras regresa cada tarjeta, recuerde la historia.

Coloque todas las tarjetas "Yo Soy" en la cesta grande con las parábolas. Regrese los materiales a su lugar en los estantes.

ENRIQUECIMIENTO DE LA LECCIÓN
LA PARÁBOLA SÍNTESIS 3
LOS JUEGOS DE PARÁBOLA

NOTAS DE LA LECCIÓN

ENFOQUE: LAS DECLARACIONES "YO SOY" EN EL EVANGELIO DE JUAN

- PARÁBOLA
- PRESENTACIÓN DE ENRIQUECIMIENTO (SÍNTESIS)

EL MATERIAL

- LOCALIZACIÓN: ESTANTES DE PARÁBOLAS
- PIEZAS: CESTA CONTENIENDO 40 TARJETAS DORADAS DE PARÁBOLAS (RECTANGULARES) Y 23 TARJETAS AMARILLAS DEL JUEGO DE LA PARÁBOLA (TAMBIÉN RECTANGULARES)
- BASE: NINGUNA

ANTECEDENTES

Los juegos de parábola son abstracciones de tercer nivel. La conciencia sensorial de primer nivel resulta de jugar profundamente con parábolas en particular (páginas 77 a 131). El segundo nivel de abstracción es descubierto mostrando y utilizando todas las tarjetas de las parábolas (páginas 132 a 147). El tercer nivel de abstracción se encuentra al jugar juegos para descubrir algunas de las características de todo el grupo, del corpus completo, de parábolas. Estos juegos son el punto central de esta lección.

NOTAS SOBRE EL MATERIAL

Estas tarjetas de juegos son utilizadas junto con las tarjetas de parábolas utilizadas en Las Parábolas Síntesis 1 – Todas las Parábolas (páginas 132 al 138). El texto utilizado en las tarjetas de parábolas es la *Nueva Versión Estándar Revisada*. Hay treinta y una parábolas diferentes excluyendo dobles y triples. Hay cuarenta parábolas cuando se incluyen dobles y triples. Hay doce triples, ocho dobles, y veinte individuales, para un total de cuarenta tarjetas. (Textos de Lucas aparecen en veinte tarjetas, de Mateo en catorce, y de Marcos en seis.) Cuando consideramos a las parábolas únicas para cada evangelio sinóptico, encontramos que Lucas tiene la mayoría y Marcos tiene la menor cantidad. (Lucas tiene once únicas, Mateo siete, y Marcos tiene una.)

Las tarjetas de juego en madera son amarillas para que les recuerden a los niños las cajas de parábolas doradas. Las tarjetas son rectángulos de aproximadamente 5 x 7 y media pulgadas. Si usted mismo hace las tarjetas, puede utilizar espuma plástica, pero la madera hará a las tarjetas más fuertes e invitará más al respeto de los niños.

Si utiliza espuma plástica que es amarilla de un solo lado, pegue papel amarillo con el texto impreso del otro lado. Luego, puede pintar con marcador amarillo, los bordes de las tarjetas.

Encontrará las tarjetas en una cesta en el estante inferior de uno de los estantes de parábolas. Coloque las tarjetas paradas, así los niños podrán leer lo que está escrito en la primera de ellas, con el resto de las tarjetas en línea por detrás, una detrás de otra. De esta forma, cada tarjeta está preparada para que comience este juego tan particular.

El texto de la primera tarjeta está centrado y utiliza toda su superficie, como se muestra en el siguiente gráfico:

> **JUEGOS DE PARÁBOLA**
> CUIDADO
> Las Parábolas
> pueden
> darte vuelta
> de arriba a abajo
> y de adentro hacia afuera.

El texto de las tarjetas de juego le sigue. No incluya las respuestas en letras itálicas en las tarjetas. Los niños descubren esas respuestas utilizando las tarjetas de juego al jugar con las tarjetas de parábolas. (Vea Las Parábolas Síntesis 1 – Todas las Parábolas, páginas 132 a 138 para una descripción de las tarjetas de parábolas.)

1. Ven a jugar este juego: ¿Cuál es la parábola más larga? *La Parábola de los Dos Hijos*

2. Ven a jugar este juego: ¿Cuáles son las tres parábolas más largas? *La Parábola de los Dos Hijos; Un Hombre en un viaje; Un Rey que Deseaba Saldar Cuentas*

3. Ven a jugar este juego: ¿Cuál es la parábola más corta? *La red (¿? palabras)*

4. Ven a jugar este juego: Encuentra las parábolas en más de un evangelio. ¿Ellas dicen lo mismo cuando están en diferentes evangelios? *Hay diez. A veces, si.*

5. Ven a jugar este juego: ¿Cuantas parábolas hay en el Evangelio de Juan? *Ninguna.*

6. Ven a jugar este juego: ¿Qué parábolas se encuentran en un solo evangelio? *Vea la lista en las páginas 133-134.*

7. Ven a jugar este juego: ¿Cuántas parábolas hay en el evangelio de Mateo? *Diecisiete.*

8. Ven a jugar este juego: ¿Cuál evangelio tiene mayor cantidad de parábolas? *Lucas—hay veintidós.*

9. Ven a jugar este juego: ¿Cuál evangelio tiene la menor cantidad de parábolas? *Marcos—tiene seis.*

10. Ven a jugar este juego: ¿Encuentre las parábolas que están en solo dos evangelios? *Vea la lista en las páginas 133-134.*

11. Ven a jugar este juego: ¿Qué parábolas están en tres evangelios? *Vea la lista en las páginas 133-134.*

12. Ven a jugar este juego: ¿Qué parábolas están en cuatro evangelios? *Ninguna.*

13. Ven a jugar este juego: ¿Qué parábola es la más confusa para ti? ¿Por qué?

14. Ven a jugar este juego: ¿Qué parábola es la más clara? ¿Por qué?

15. Ven a jugar este juego: ¿Qué parábola es la que más te gusta? ¿Por qué?

16. Ven a jugar este juego: ¿Qué parábola es la menos importante? ¿Por qué?

17. Ven a jugar este juego: ¿Qué parábola es la que menos te gusta? ¿Por qué?

18. Ven a jugar este juego: ¿Qué parábola es la más importante? ¿Por qué?

19. Ven a jugar este juego: ¡Nombra las parábolas! Nombra a tu favorita. Nombra la más corta. Nombra la más larga. Nombra la más divertida. Nombra la más triste. Nombra la más alegre. ¡Nómbralas a todas!

20. Ven a jugar este juego: Haz tu propia parábola. Una buena parábola merece otra. ¿Puedes hacer una que sea la correcta para ti?

21. Ven a jugar este juego: ¿Que forman las parábolas cuando las juntas a todas?

22. Ven a jugar este juego: Crea los materiales y una caja de parábola de presentación para tu parábola favorita.

NOTAS ESPECIALES

EJEMPLO: Las lecciones de síntesis de las parábolas (Todas las Parábolas, las Declaraciones "Yo Soy" y Los Juegos de Parábola, páginas 132 a 152) cambian el material pedagógico de enseñanza, de las seis parábolas guías a tarjetas más abstractas y ligadas a un texto. Este material es para niños de 9 años de edad o más. Los niños necesitan sentirse cómodos con la lectura, para disfrutar trabajando con parábolas en forma de texto.

Cuando usted invita a los niños a trabajar, una opción que se le ofrece es hacerlo "lado a lado." Esto se refiere a la práctica de poner dos historias—o, en este caso, dos tarjetas de parábolas—una junto a otra, para hacer descubrimientos sobre como dos historias hablan, una sobre otra.

MOVIMIENTOS	DIÁLOGO
Usted no necesita un tapete para esta lección. Hay demasiadas tarjetas de parábolas para que entren en un solo tapete.	
Vaya a los estantes de parábolas y traiga la cesta con tarjetas de parábolas y los juegos de parábolas hasta el círculo. Colóquela a su lado.	
Inclínese hacia adelante o arrodíllese y lentamente y con cuidado disperse las tarjetas de parábolas en un gran rectángulo de ocho tarjetas por cinco tarjetas. Deje las declaraciones "Yo Soy" en la cesta para esta lección.	
Reclínese nuevamente. Disfrute la abundancia de parábolas.	Nos han dado un regalo. Fue dado a nosotros aún antes que naciéramos. Es un regalo del propio Jesús. Son las parábolas.
Haga una pausa. Mueva sus manos sobre todas la parábolas.	Aquí está todas las parábolas que se encuentran en la Biblia escritas en tarjetas.
Haga una pausa por un momento, mientras se prepara para presentar los juegos de parábola. Coloque los Juegos de parábola junto a las tarjetas de parábolas.	Aquí está los juegos de parábola.

Cuando los juegos de parábola los invitan a jugar, les hacen muchas preguntas. No una forma de responder sin preguntarle a las parábolas, así que las parábolas también juegan. Les han hecho muchas preguntas, ahora ustedes pueden hacerlas a ellas. Veamos como funciona. |
| *Saque la tarjeta del título y señale lo que dice. Léalo.* | Realmente necesitan tener mucho cuidado. Las parábolas pueden confundirlos al encontrar respuestas que ni siquiera tienen una pregunta. |
| *Tome la segunda tarjeta, con la Pregunta #1. Léala y muestre cómo invita a los niños a jugar.* | Ahora veamos. Aquí dice, "¿Cuál es la parábola más larga?" Eso es fácil. Vamos a buscar todas las tarjetas con las parábolas más largas y a encontrar la más larga de todas. ¿Ven? Estoy dividiendo a todo el grupo en tres, en cortas, medianas y largas. Miren. Aquí está la más larga de las largas.

Ahí. Esa es la más larga. Tenga cuidado. Pueden tener que contar las palabras que tienen para saber la respuesta.

Ahora es vuestro turno. Quizás quieran que su trabajo de hoy sea este. Hay muchas tarjetas más esperándolos para jugar si así lo quieren. |

Jugar Junto a Dios   *Las Parábolas Síntesis 3 – Los Juegos de la Parábola*

MOVIMIENTOS

DIÁLOGO

Con cuidado y lentamente coloque las tarjetas de parábolas en la cesta grande. Disfrute cada una. No necesita leer cada tarjeta, solo disfrute.

Lleve las tarjetas de parábolas y el juego de regreso a los estantes de parábolas.

Miren cuidadosamente adonde coloco esto, así siempre sabrán donde encontrarlo.

Regrese al círculo y ayude a los niños a decidir qué trabajo van a hacer hoy.

Ahora, veamos. Me pregunto, ¿qué trabajo quieren hacer hoy? Me pregunto, ¿si les gustaría hace algo cómo les hace sentir, trabajar con todas las parábolas a la vez? Me pregunto, ¿si hay una parábola en particular sobre la que quieran hacer algo? Me pregunto, ¿si les gustaría hacer lado a lado utilizando solo las tarjetas? Hay muchas cosas para hacer. Me pregunto, ¿cuál es el trabajo justo para ustedes?

Como es usual, hable con los niños uno por uno antes de que comiencen a trabajar.

OTROS TÍTULOS Y VIDEOS EN ESTA SERIE

La Guía Completa Para
JUGAR JUNTO A DIOS
POR JEROME W. BERRYMAN

Un método imaginativo para presentar las historias de las escrituras a los niños

Esta serie de cinco volúmenes invita a los niños en preescolar hasta 6to. Grado a descubrir a Dios, a ellos mismos y a los otros, a través de nuestras historias sagradas. Basado en el trabajo de Jerome W. Berryman en la tradición Montessori, *Jugar Junto a Dios* utiliza una cuidadosa forma de contar las historias de las escrituras, agradables figuras y actividades, para animar a los niños a buscar y encontrar sus propias respuestas a sus dudas de fe. *Jugar Junto a Dios* respeta la espiritualidad innata de los niños y fomenta su curiosidad e imaginación al experimentar el misterio y la alegría de Dios.

ESTE ES EL CONTENIDO DE CADA VOLUMEN:

- **VOLUMEN 1**: Como Dirigir las Lecciones de Jugar Junto a Dios, contiene todo el material que usted necesitará para familiarizarse con el enfoque de *Jugar Junto a Dios*, incluyendo el como crear un espacio especial para los niños, planificar y presentar la lección y ayudar a los niños a desarrollar su espiritualidad.

- **VOLUMEN 2**: Otoño – una lección de apertura sobre el año de la iglesia seguida por 13 historias del Antiguo Testamento, desde la Creación hasta los profetas.

- **VOLUMEN 3**: Invierno – incluye 20 presentaciones basadas en las historias sobre Adviento y las festividades de Navidad y Epifanía, seguida por las parábolas.

- **VOLUMEN 4**: Primavera – presenta 20 lecciones que cubren historias de Cuaresma, la resurrección, la eucaristía y los primeros años de la Iglesia durante la Temporada de Pascua o Semana Santa.

- **VOLUMEN 5**: Ayudas Prácticas de Entrenadores de Jugar Junto a Dios – entrenadores experimentados y maestros comparten apreciaciones, historias e ideas para una utilización más completa de *Jugar Junto a Dios*. *Disponible solamente en inglés.*

Para comprar estos productos, contacte a su librería local o llame a Morehouse Education Resources al 1-800-242-1918.

www.morehouseeducation.org

VIDEOS INSTRUCTIVOS *Disponible solamente en inglés.*

El consumado narrador de *Jugar Junto a Dios*, Jerome W. Berryman guía a catequistas a través de dos lecciones reales, por temporada, de *Jugar Junto a Dios*. En esta serie de tres partes, los espectadores son informados entusiastamente, de como narrar la historia e invitar a los niños a experimentar el momento de las preguntas.

Disponibles en formato VHS y DVD

LA GUÍA COMPLETA PARA JUGAR JUNTO A DIOS
VOLÚMENES 1 – 5 $ 24.95 c/uno

Las lecciones son adaptables desde 45 minutos hasta 2 horas, e incluyen una lista completa de los materiales. 8 1/4" x 10 3/4", 120 páginas, encuadernado en papel

Otoño VHS o DVD	$ 24.95 c/uno
Invierno VHS o DVD	$ 24.95 c/uno
Primavera VHS o DVD	$ 24.95 c/uno

Aproximadamente 45 minutos cada uno.
Disponible solamente en inglés.

www.ingramcontent.com/pod-product-compliance
Lightning Source LLC
Chambersburg PA
CBHW080737230426
43665CB00020B/2766